高职学生社会实践探索

主　编　杨　喆　韦宏恩　张建军

主　审　熊　辉

西南交通大学出版社

·成　都·

图书在版编目（CIP）数据

高职学生社会实践探索 / 杨喆，韦宏思，张建军主编. —成都：西南交通大学出版社，2021.6
ISBN 978-7-5643-7900-1

Ⅰ. ①高… Ⅱ. ①杨… ②韦… ③张… Ⅲ. ①高等职业教育 - 社会实践 - 研究 - 中国 Ⅳ. ①G642.45

中国版本图书馆 CIP 数据核字（2020）第 255296 号

Gaozhi Xuesheng Shehui Shijian Tansuo
高职学生社会实践探索
主编 杨 喆 韦宏思 张建军

责任编辑	居碧娟
助理编辑	张地木
封面设计	原谋书装
出版发行	西南交通大学出版社 （四川省成都市金牛区二环路北一段 111 号 西南交通大学创新大厦 21 楼）
发行部电话	028-87600564 028-87600533
邮政编码	610031
网 址	http://www.xnjdcbs.com
印 刷	四川煤田地质制图印刷厂
成品尺寸	146 mm × 208 mm
印 张	4.5
字 数	94 千
版 次	2021 年 6 月第 1 版
印 次	2021 年 6 月第 1 次
书 号	ISBN 978-7-5643-7900-1
定 价	45.00 元

序

FOREWORD

习近平总书记在 2018 年全国教育大会上强调，党的十八大以来，我们围绕培养什么人、怎样培养人、为谁培养人这一根本问题，全面加强党对教育工作的领导，坚持立德树人，加强学校思想政治工作，推进教育改革，加快补齐教育短板，教育事业中国特色更加鲜明，教育现代化加速推进，教育方面人民群众获得感明显增强，我国教育的国际影响力加快提升，13亿多中国人民的思想道德素质和科学文化素质全面提升。同时，习近平还指出，要努力构建德智体美劳全面培养的教育体系，形成更高水平的人才培养体系。要把立德树人融入思想道德教育、文化知识教育、社会实践教育各环节。

习近平总书记在给第三届中国“互联网+”大学生创新创业大赛“青年红色筑梦之旅”的大学生的回信中勉励他们扎根中国大地了解国情民情，在创新创业中增长智慧才干，在艰苦奋斗中锤炼意志品质，在亿万人民为实现中国梦而进行的伟大奋斗中实现人生价值，用青春书写无愧于时代、无愧于历史的华彩篇章。

此外，习近平总书记在天津市和平区新兴街朝阳里社区考察时强调，志愿者事业要同“两个一百年”奋斗目标、同建设社会主义现代化国家同行。志愿服务是社会文明进步的重要标志。

不管是社会实践活动，还是志愿者服务活动、创新创业活动，都是大学生实践教育活动，都是对大学生进行教育、管理、服务的重要载体，都是实践育人、服务育人的重要平台。新时代大学生的思想状况发生了一些变化，更趋向多元化，社会实践教育活动的形式、组织、机制也发生变化，如何更好地面对新的挑战、适应新时代要求，如何更好地做到青年学生在哪里，阵地就在哪里，这些问题都摆在高校学生工作者的面前。

本书编者都来自高校学生工作第一线，既是社会实践教育活动的管理者、组织者，又是引路人。多年来，编者们立足实际，从事高校职业教育，不断探索社会实践教育有效的工作方法和机制、不断丰富创新适时的工作内容和形式，在不断吸取经验、总结教训的过程中积累思考。

本书分五个部分，由柳州铁道职业技术学院（以下简称柳铁职院）党委副书记杨喆，柳铁职院运输管理学院党总支书记韦宏思、团总支书记张建军主编，柳铁职院党委宣传部部长熊辉主审。

第一部分就实践育人理论的提出及其基本特征、社会实践的概念和特点以及大学生社会实践的发展历程和趋势等几个方面进行了简要介绍，最后介绍了柳铁职院实践育人工作及大学生社会实践活动的创新与特色。该章主要由柳铁职院党委副书记杨喆、柳铁职院创新创业学院院长卢达兴编写。

第二部分主要对不同形式的高职学生实践活动的做法、心得以及案例进行介绍。这些社会实践活动在“立德树人”中发挥着实践育人的重要功能。该章主要由柳铁职院运输管理学院党总支书记韦宏思、组织员韦文东、团总支书记张建军编写。

第三部分主要介绍高职学生志愿者服务工作，从高职学生志愿服务的现状、发展概况、价值观培养等方面进行介绍。同时也介绍了相关案例。志愿服务工作在“立德树人”中发挥着服务育人的重要功能。该章由柳铁职院团委书记段志高及几个二级学院团总支书记张建军、李肖婷、朱劭鼎、万贺编写。

第四部分主要介绍高职学生开展的创新创业实践活动，本章首先对高职学生进行课外科技创新活动的意义价值进行阐述，同时介绍了一些创意开发的方式，并且对高职学生参加的创业实践与实践赛事进行概述。高职学生通过参加或者开展创新创业实践活动，可以培养自己的创新思维、意识和精神，提升自己的创新创业能力。该章主要由柳铁职院创新创业学院院长卢达兴及李祺老师编写。

第五部分主要介绍高职院校的生产实习和顶岗实习实践活动，由柳铁职院运输管理学院党总支书记韦宏思、团总支书记张建军，柳铁职院教务处负责学生学习工作的付振中老师编写。

实践探索无止境，大力开展高职学生社会实践教育探索与研究，将不断丰富学校人才培养质量和内涵。本书的出版，既是柳铁职院学生工作者的一次工作回顾，也是一次工作积累，更是一次思想凝聚。本书既可以作为高校共青团工作的参考，也可以作为大学生工作者的引玉之砖。在编写本书的过程中，编者得到了学校领导和老师们大力支持，在此表示感谢。由于水平有限，编写过程中书中难免有疏漏不当之处，恳请各位专家学者多多指正。如果对本书中有一些意见或建议，欢迎联系我们。

编　者

2020 年 7 月

目录
CONTENTS

第一章

新时代大学生社会实践概述及发展

大学生社会实践是在校大学生利用课余时间，步入社会进行社会接触，提高个人能力，触发创作灵感，完成课题研究，发挥自己的聪明才智以求和社会有更大的接触，进而对社会做出贡献的活动。充分利用在大学学习到的理论知识进行社会实践活动是每个大学生必须要经历的。

实践教育既包括为认识自然规律、掌握技术知识、提高业务能力而进行的科学实验、生产实习等教学实践，也包括以了解社会和国情、全面提高素质为宗旨的社会实践。社会实践活动是大学生接触社会、磨炼意志的有效方式，大学生要深入学习贯彻习近平新时代中国特色社会主义思想，自觉把个人的事业与学校、社会的发展紧密联系起来，将个人的成长与祖国和人民的需要紧密联系起来，为社会主义事业贡献青春力量。

实践育人是一种教育理念，是指实践具有的育人功能。学校教育应该充分发挥实践的育人作用，把实践当作重要的教育途径和手段，有效提高教育质量，促进教育事业的发展。在高校，实践育人专指通过组织各种实践活动开展教育工作，提高高校的育人质量，促进高校教育教学的改革和发展。

第一节　实践育人理论的提出及基本特征

实践育人是通过引导大学生参加与自身健康成长和成才密切相关的各种应用性、综合性、创新性实践活动，促使大学生形成高尚的思想道德、健全的人格、勇于创新的精神与实践能力的教育活动。实践育人是提高高等教育质量的必然选择，在学校教育中具有不可替代的地位和作用。党中央多次强调高校要加强实践育人，把实践育人作为“全面落实党的教育方针，深入实施素质教育，大力提高高等教育质量”的重要措施。

实践育人理论的提出，对于深化教育教学改革、拓宽办学思想、创新人才培养具有重要的意义。实践育人理念的运用，丰富了教育的内容和形式，拓展了教育空间，丰富了教育手段。将教育教学引向社会，使理论育人与实践育人相结合，完善教育教学体系，有利于提高思想政治教育的质量，有利于巩固理论学习的成果并进一步激发学生学习理论的积极性，有利于学生接触社会、了解社会进而奉献社会，是实践素质教育的必要手段和办法。

把握实践育人的基本特征是深入开展实践育人工作的思想基础。实践育人具有四个主要特征：实践性，即以实践活动为育人的重要方式，强调学生亲力亲为，在亲身体验、亲手操作、亲自行动、亲身经历的实践中获得成长。学生主体性，即以学生为实践主体，重视学生的主体地位。注重发挥学生的主体自觉性、能动性和创造性，引领学生自主成长。综合性，即立足于人的生活世界的综合性和人的个性的整体性，注重培养学生综合运用知识的能力及提高学生的综合素质。开放性，即以人的全部社会生活领域为活动范围，尊重学生的个性与特殊发展需要，其内容、过程、结果与评价都不是机械、单一的，而是多元开放的，随着学生生活及其成长需求的变化而变化。

实践育人突出强调学生在亲力亲为的实践活动中的成长，要求学生面向实践、深入实践、亲自参与实践。在实践活动中，学生是主体，可以完全以主体的身份投入其中，充分展示主体的自觉性、能动性与创造性。高校要不断拓展青年学生社会实践的内容和形式，积极搭建社会实践、科技实践等实践平台；要完善管理制度，规范各项实践育人工作，从而把实践育人真正落到实处；同时也要建立科学、完整的“实践育人”考核评价体系，保证实践育人的方向，提高实践育人的成效，及时发现实施中的问题并加以调整,使广大青年学生在实践中受教育、长才干、做贡献。

第二节　社会实践的概念和特点

社会实践是大学生思想政治教育的重要环节，对于促进大学生了解社会、了解国情，增长才干、奉献社会，锻炼毅力、培养品格，增强社会责任感具有不可替代的作用。大学生社会实践活动是我国高等教育的一项重要内容和教育形式，是课堂教学的有益补充，是新形势下学校思想政治教育的延伸，是贯彻党的教育方针，培养具有创新精神和实践能力的人才的重要途径之一。大学生社会实践活动遵循了教育同生产劳动相结合这一教育的基本规律，是在新的历史条件下，教育同生产劳动相结合的必然产物，它符合教育发展的规律，适应现代社会对人才培养的要求。

一、社会实践的概念

哲学上的社会实践是指人类认识世界、改造世界的各种活动的总和，即全人类从事的各种活动，包括认识世界、利用世界、享受世界和改造世界等。它们中的重点是为求生存进而为求发展的改造世界的活动，其中物质生产活动是最基本的。随着社会的进步，物质生产的活动在向高级阶段进军过程中，又分化出科学实验活动，它们同共推动着人类社会的发展。社会实践是人类发现真理、运用真理、验证真理、发展真理的基础，但发现新的真理不能单单依靠社会实践，还必须在此基础上与理性认识相结合。

大学生社会实践活动在性质上属于教育的范畴。理论联系实际是党的优良传统和作风，教育与生产劳动和社会实践相结合是党的教育方针的重要内容，理论教育和实践教育相结合是大学生思想政治教育的根本原则。大学生参加社会实践，了解社会、认识国情，增长才干、奉献社会，锻炼毅力、培养品格，对于加深对习近平新时代中国特色社会主义思想的理解，深化对党的路线方针政策的认识，坚定在中国共产党领导下，走中国特色社会主义道路，实现中华民族伟大复兴的共同理想和信念，增强历史使命感和社会责任感，具有不可替代的重要作用，对于培养中国特色社会主义事业的合格建设者和可靠接班人具有极其重要的意义。同时对于加强自身独立性也有十分重要的影响。

二、社会实践的特点

社会实践活动与教育范畴的其他形式相比有其自身所具备的特征。这些特征主要表现在以下方面。

（一）双重属性

社会实践活动既有学校教育的属性，又有社会教育的属性，它是联结学校教育和社会教育的重要纽带。因此，既不能过于强调社会实践活动的学校教育属性，将社会实践活动理解为第一课堂的延伸或作为第二课堂，也不能过于强调社会实践活动的社会教育属性，排斥课堂教学和理论知识，以实践代替教育。作为实施素质教育的重要抓手，社会实践教育的加强与课堂理论教育的改革同等重要，应该同步进行、相互促进。

（二）多功能性

多功能性是指社会实践活动的教育目标或价值，既可以体现在认知发展、技能形成等方面，也可以体现在情感体验、品德与态度的确立等方面。在某一实践活动中，既可以对学生进行德育教育，也可以进行智育、体育、美育、劳动技术教育和心理教育等，进而达到综合而不是单一的教育目标和任务。社会实践活动作为素质教育的重要途径，正是通过社会实践活动具有多功能性的特点表现出来的，这一特点在学校教育的其他方面是不多见的。

（三）参与性

参与性即学生作为社会政治、经济、文化生活的一员，广泛地参与到社会实践活动中，亲自接触和感知各种事物，获得对社会物质文化、精神文化和制度文化的认知、理解体验和感悟。在参与的过程中，进一步明确学生的主体地位。学生作为一个真实的主体会去体察社会的真实面貌，在社会实践的过程中积极发挥自己的主观能动性，结合自己掌握的理论知识去理解现实，寻找、研究现实中成功的经验和失败的教训，通过自己的行动去认识社会、了解社会，从感性的实践中去证实理性的认识。

（四）开放性

社会实践的开放性包括活动内容的开放性——在大自然和人类社会的广阔天地中去学习和发展，活动时空与形式的开放性，活动评价的过程和活动开展的开放性等。社会实践活动的这一特征要求教育者彻底改变一切从书本出发、从教室出发，以教师为中心的传统教学观念，引导学生关心书本之外的知识、教室和学校以外的事情，使之热爱生活、热爱集体、热爱国家，在理论与现实中架起沟通的桥梁。

（五）协同性

社会实践中涉及人与人，人与社会，个人与集体的关系。由于社会实践活动还具有课程的开放性、跨学科性、互动性等特点，不仅要求各类学校、各科教师之间、学校教师与家长之间及社会有关机构人员之间相互配合，家庭、学校、社会形成合力，协同完成任务，而且要求学生在充分发挥自主性，自己参与设计、自己选择主题、自己组织实施、自己进行评价的同时，充分利用与合作伙伴相互交流分享成果的机会，培养锻炼人际交往能力、组织活动能力以及团结合作的精神。

第三节　大学生社会实践的发展历程和趋势

大学生社会实践是高校教育的重要环节，是提高人才培养质量的重要途径和手段。当前教育环境的深刻变化也使学生社会实践在高等职业教育中的作用和地位愈显突出。时代的发展要求我们对大学生社会实践的现状及突出问题进行清晰的认识，并提出解决问题的对策。

一、当前大学生社会实践现状及存在的问题

（一）部分学生对大学生社会实践工作的地位和作用认识不清、重视不够

目前，部分高校对加强和改进大学生社会实践的重要性和现实意义认识不足，将其简单化，大学生社会实践缺乏整体规划和系统的过程设计。一是学校认识不到位。认为大学生社会

实践是思想政治教育的一种形式，不是一门独立的课程，只是课堂教学的补充形式，是“软”任务，只根据学校和专业的特点有选择地开展，因而没有引起高度的重视。二是大学生不重视。大学生受应试教育的影响，重视理论知识的学习，忽视实践能力的提高，加之没有成绩考核方面的硬性规定，参与社会实践活动的积极性不高。

（二）大学生社会实践存在流于形式、走过场现象

相当一部分学校的大学生社会实践，内容陈旧、形式单一、流于表面，缺乏深度和广度，学生的社会实践大多以利用假期分散返乡调查实践为主，或者在暑期象征性地组织几支社会实践服务团队，用短短的几天时间下乡参与社会实践活动，大多是做些简单的参观、走访、调查后便草草收场。因本身缺乏专业性的指导，缺乏严格的各种保障机制，大学生社会实践成为一种虚多实少，流于形式的活动。目前大学生社会实践基地建设存在缺乏系统性、层次性，运作不规范、不稳定，基地数量少、类型单一等问题，造成基地建设难、稳定更难的现象，根本无法保障大学生社会实践的顺利开展和实施。

（三）大学生社会实践的形式和内容缺乏针对性、实效性差

一是形式传统单一，缺乏创新。很多院校大学生社会实践往往局限于社会调查、政策宣传、生产劳动等形式，仍停留在

初级发展阶段，而缺乏向纵深方向发展的改革与创新。二是内容空泛不丰富，缺乏多样性和针对性，往往与大学生的专业特点结合不紧密，不能学以致用。三是注重表面效应，缺乏实效性。大学生社会实践仍然存在宣传得多，实际做得少；假期响应号召临时做得多、平时主动做得少的现象。

二、新时期加强和改进大学生社会实践工作的对策

（一）提高认识，统一思想，完善大学生社会实践的教学培养体系和计划

学校领导和广大教师要转变教育思想，更新观念，充分认识大学生社会实践是高等教育不可缺少的重要组成部分，是深化教育改革，全面推进素质教育的必然要求，对于大学生巩固知识，增长才干都有着举足轻重的作用。因此，学校领导和教师要提高认识，统一思想，建立完善的社会实践教学培养体系，制定与大学生各学习阶段和各专业特点相适应的系统的社会实践教学计划、大纲，并编写教程，规定实践课时数、学分，规定实践目的、任务、内容、形式和要求，配备专门指导教师，使之成为一门必修课，并与学生综合素质测评、各种评优挂钩。

（二）整合资源，夯实基础，加强大学生社会实践基地建设

新时期大学生社会实践工作要想出成效，就必须整合各种

资源，夯实基地建设。一是要改变传统观念，多渠道宣传社会实践活动的重要意义,努力寻求地方政府和社会的认可和支持。二是要主动与城市社区、农村乡镇、爱国主义教育基地、企事业单位、社会服务机构加强联系，本着合作共建、双向受益的原则，从地方建设发展的实际需求和大学生锻炼成长的需要出发，建立多种形式的社会实践基地，力争每个学校、每个院系、每个专业都有相对固定的基地，长期坚持，使学生受锻炼，当地见效益。三是社会实践基地要充分发挥高校教师和学生的智力及专业优势，要切实把建立实践基地、优化实践环境与促进地方经济建设和发展结合起来，实现多方共赢。

（三）创新大学生社会实践内容、形式和载体，增强其针对性和时效性

在教学实践、专业实习、社会调查、生产劳动、志愿服务和勤工助学等内容的基础上，根据时代背景和社会需求，拓展创新的活动项目，丰富社会实践的时代内涵，使其在内容形式及广度和深度上不断发展，赋予其更丰富的时代特色和生机活力。积极推进社会实践与理论课、实训课“两课”实践教学的有机结合，进一步增强社会实践的育人功能。多种形式的社会实践是“两课”实践教学的重要内容，对高校的德育工作起着不可替代的作用。

（四）完善大学生社会实践考核评价机制

学生是社会实践活动的主体，充分调动学生参与社会实践活动的主动性和积极性,对提高社会实践活动的效果尤为重要。要把社会实践纳入正常教学计划，作为一门必修课，在规定学时、学分的基础上，还要建立完善的社会实践考核评价机制。社会实践考核评价可采用定性方法和定量方法相结合的方式，最终形成学分，记入学生学分档案。

要建立科学的评估机制。一是成立二级评估委员会或小组，实行定性定量考评，坚持学生自测与集体评估相结合。二是如实记录社会实践活动各项资料、学生具体表现以及实践单位评价。三是院系要建立社会实践活动信息接收、反馈及处理机制。四是学校要出台有关社会实践活动的条例与管理办法，各院系、班级制定实施细则。同时做到“七个挂钩”，即：社会实践活动情况与学生德、智、体综合测评成绩挂钩，与奖学金评定挂钩，与评选先进个人和集体挂钩，与团员民主评议、推优入党挂钩，与推荐就业挂钩，与院系和个人的经济利益挂钩，与教师工作量和干部业绩的评定挂钩。

大学生社会实践活动是实施素质教育的有效载体，是服务青年学生成长成才的有效途径。通过实践活动，架起大学生与社会融合的桥梁，缩短大学生的社会化进程，树立正确的世界观、人生观、价值观。做好大学生社会实践工作，对全面建设社会主义现代化国家提供强有力的后备力量具有积极而深远的意义。

第四节　柳铁职院实践育人工作及学生社会实践活动的创新与特色

大学生社会实践活动的开展已经有近 40 年的历史，社会实践从无到有，从弱到强，形式越来越丰富，效果越来越显著，在高校学生培养过程中发挥着重要作用。在新的历史时期，进一步发挥社会实践活动在高校育人中的重要作用，需要广大教育工作者在实际工作中积极探索社会实践的规律，拓展社会实践领域，创新社会实践形式。柳铁职院深入探索社会实践与专业学习相结合的社会实践机制，鼓励学生积极投身到社会实践中，在实践中锻炼、成长，根据铁道交通运营专业特点和社会现实需要，积极组织铁道交通运营专业学生开展社会实践活动，运用专业技能服务铁路春运、暑运，收到良好的社会效果。

一、探索：深入调研，学校援手助企业

2007 年年底，柳铁职院运输与经济管理系通过调研，了解到南宁铁路局一些重要站段在两个假期所接受的旅客流量，以及站段春运、暑运所投入人力、物力情况。调研结果显示，南宁铁路局一些重要站段应付春运、暑运的能力是严重不足的。

如南宁火车站，作为广西的窗口，客流量大，旅客高峰期平均每天发送旅客高达 2.1 万人，在春运高峰期，有时日发送旅客量高达 5 万人。特别是 2008 年年初，南方特大雪灾发生后，大量的旅客往来以及雪灾导致的旅客滞留，给南宁火车站带来了前所未有的考验。运输与经济管理系组织学生到各车站进行社会实践，这样既可以利用学生平时所学到的知识帮助车站解决春运、暑运人手不足的问题，完成春运、暑运任务，同时，学生从中又能得到实实在在的实践锻炼，增强能力，也可以为一些家庭贫困的学生解决部分困难。

二、合作：服务地方，校企合作共建实践平台

想法初步形成后，决定首先在困难比较突出、最需要支援的南宁火车站开展活动。柳铁职院运输与经济管理系领导前往南宁站，就合作各方面的情况、条件，与南宁站的领导进行了探讨、商议，最终达成一致，并形成了长期计划：运输与经济管理系利用寒暑假时间，组织学生到南宁火车站进行社会实践活动，支援车站进行春运、暑运工作。

这个长期的计划包括以下工作：① 成立“运输与经济管理系学生社会实践活动工作小组”，人员包括专业教研室老师和学生工作老师、车站相关人员等。② 进行社会实践活动前的动员。在每次寒暑假前，在全系学生中进行动员，号召大家踊跃报名参加社会实践活动。之后根据各方面条件、要求进行

挑选，确定参加南宁火车站社会实践活动的学生名单。③ 由车站派出培训人员对参与社会实践的学生进行业务、安全知识培训，让同学们掌握现场的工作方法及安全注意事项等，培训考试 90 分以上者方可取得上岗证，参加社会实践活动，上岗当班。④ 制定《运输与经济管理系学生社会实践管理办法》（以下简称《系管理办法》），要求参加社会实践的学生严格遵守《系管理办法》相关规定，加强和提高安全防范意识，不做违法乱纪及有损学校、单位形象的事；服从车站的安排和指挥，遵守车站的各项规章制度。⑤ 校方和站段均指派专人负责学生社会实践期间的安全及生活问题，并购买学生人身伤害保险。

三、实践：师教徒学，勤学苦练真心奉献为旅客

每年庞大的春运、暑运客流量都给南宁火车站带来了比较大的考验，也给参加实践的学生带来了考验和挑战。特别是由于 2008 年南方雪灾的影响，很多人不能回家过年，因而选择 2009 年再回家，这就造成了 2009 年春节旅客返乡量大增且相对集中的情况，春运工作难度更大。为了做好各方面工作，安全顺利完成春运期间的旅客运输任务，南宁火车站全面加强安检工作，对车站实行了封闭式管理，同学们也从中体验了紧张、忙碌而又艰巨的工作。在正式上岗前，车站进行了业务、安全知识培训，让同学们掌握现场的工作方法及安全注意事项等，在考试合格取得上岗证后才上岗。同学们跟师傅一样，实行三

班倒，起初有点不适应，晚上犯困、站久了脚累、有时感到工作比较枯燥，但同学们咬紧牙关顶了过去，很快适应了这种工作方式。

参加实践的学生主要是进行客运外勤和售票两大项工作。客运外勤工作又分很多工种，第一是安检工作，除检测“易燃、易爆、危险品”外，均对旅客随身物品采取“望、闻、问、品”的方式进行安检。为了让旅客积极配合安全检查，同学们与工作人员积极做好安检宣传工作，耐心细致地为旅客讲解安检的重要性，营造了和谐的检查氛围，消除了旅客的紧张感和不满情绪。第二是进站验票工作，本着“以人为本，旅客至上”的服务理念，同学们在进站验票作业中，遇到困难就及时向工作人员请教，根据列车的停站间隔，旅客的流量和进站线路的长短，合理安排好验票工作时间，确保每位旅客准时进站。同学们心中有一个信念：宁可心中委屈百次，不可怠慢旅客一步。旅客进站时，同学们耐心细致地做好解释工作，缓解旅客等车的紧张情绪，有序地组织旅客进站。每天，同学们都认真执行“一看（看日期车次）、二唱（唱到站）、三剪（加剪）”制，提高了检票的速度，让旅客能够尽快上车。第三是上车疏导旅客，春运期间，有不少旅客比较集中的车次都严重超员，有的甚至超员 200%以上，所以旅客上车的秩序尤其重要。旅客中有携带大量行李的，还有老弱病残、小孩等弱势人群，他们也需要帮助，这就要求同学们到车上进行疏导，每次下来大家都是汗流浃背、口干舌燥。有时由于旅客太多同学很难下车，不得不跟车到柳州站，然后再坐别的车回南宁，但大家都毫无怨言，本着“为旅客服务”的思想始终坚持着。第四是问讯工作，在问讯处工作要求对每趟列车车次、到发时间，以及各个到站都要熟记于心，做到有问必答，而且始终态度如一，微笑服务。负责售票工作的都是女同学，她们巾帼不让须眉，顶着高强度的工作量，圆满地完成了实践工作。工作中，她们用朴实的语言、简单的动作、热情的服务和耐心的讲解，使每一位旅客有宾至如归之感。

不管是实习客运员还是实习售票员，同学们都践行“热情换笑容、细心换友情、诚心换亲情”的服务宗旨，时刻以“八个我就是”履行着客运员的职责：我就是广大旅客的贴心人、我就是老年旅客的拐杖、我就是儿童旅客的叔叔阿姨、我就是病人旅客的护士、我就是盲人旅客的眼睛、我就是外籍旅客的翻译、我就是残疾旅客的助手、我就是不常出门旅客的向导。实际的工作中，同学们做到了有礼、有仪，尊重旅客，一切为了旅客。平时，同学们自觉学习业务知识，为及时、准确地回答旅客的问讯奠定了良好的基础。不管旅客问什么问题，同学们都能正确迅速、主动热情、耐心地进行解答，使旅客在购票乘车、中转换乘等方面得到便利，真正做到了“有问必答、答必正确、百问不烦、让旅客满意”。工作中做到了“三要、四心、五主动”，即：接受旅客要文明礼貌、纠正违章要态度和蔼、处理问题要实事求是；接待旅客要热心、解答问惑要耐心、接受意见要虚心、工作认真要细心；主动迎送旅客、主动扶老携幼、主动解决旅客的困难、主动介绍旅客须知、主动征求旅客意见。

四、收获：爱岗敬业强技能，优质服务收获丰

每一次的实践活动，车站领导和工作人员都给予了同学们极大的关心和关爱，同学们和师傅间建立了亲密无间的友谊。平时，同学们在工作岗位上都兢兢业业、勤勤恳恳，得到了领导、工作人员和老师的肯定，赢得为旅客尽心服务的口碑。铁路局党委书记在南宁站检查春运工作时，也对柳铁职院学生的表现大加赞赏，并感谢同学们给予铁路局大力支持。在最后的欢送宴会上，车站领导和学院领导都对同学们的表现提出了表扬，对大家做出的贡献进行了充分的肯定，同时希望大家把在实践锻炼中学到的技能和不怕苦不怕累的精神带回到学校，在平时的学习、工作中取得更好的成绩。

实践过程中涌现出了很多的好人好事：2008 年春运期间，铁道交通运营管理 1 班文小波同学，负责临时候车室的工作时，帮助一名走失的小孩找到家人，得到旅客的表扬，事迹刊登在《南国今报》上。2009 年春运期间，铁道交通运营管理 1 班的文小波同学在繁忙的工作之时仍坚持帮助老人扛行李进站候车，铁道交通运营管理 3 班蓝沁同学千方百计为几位老同志买到了车票，老同志给车站写来了表扬信；铁道交通运营管理 4 班的薛斌科的好人事迹刊登在《南国早报》和《南宁铁道报》

上；同学们还利用掌握的英语技能，给很多外国友人当翻译，对此，车站领导赞扬有加。2019年春运期间，姚高星同学发现精神异常旅客要跳车，立即奋不顾身紧紧抱住该旅客并将其控制在车厢通道，受到南宁客运段的表扬，得到中国教育在线网报道。柳铁职院开展社会实践活动，学生利用所学的专业知识，为单位、企业服务，自己从中也得到了较大的锻炼，为获取知识、巩固技能提供了条件，为步入社会打下坚实的基础。

第二章

高职院校学生实践工作的创新与探索

习近平总书记在2019年4月30日举行的纪念五四运动100周年大会上发表的重要讲话中指出，新时代中国青年要继续发扬五四精神，以实现中华民族伟大复兴为己任，不辜负党的期望、人民期待、民族重托，不辜负我们这个伟大时代。总书记寄语广大青年，提出六点要求：一是要树立远大理想；二是要热爱伟大祖国；三是要担当时代责任；四是要勇于砥砺奋斗；五是要练就过硬本领；六是要锤炼品德修为。高职学生社会实践活动要按照习近平总书记的要求，对自身价值做出真正诠释。作为新时代的高职学生，积极参加社会实践活动是非常有必要也是非常有意义的。社会实践活动有利于高职学生正确认识自己，对自身成长产生紧迫感；有利于高职学生对理论知识的转化和拓展，增强运用知识解决实际问题的能力；有利于增强高职学生适应社会、服务社会的能力，增强社会责任感和使命感。

第一节 高职院校学生团队实践的分类与特点

高职学生团队实践是指三个或三个以上的学生个体经过有效的组织合作，以团队的形式，集体行动，发挥其专业教育文化背景的优势，在学校、地方政府、企事业单位等部门的支持与配合下，设计实践内容、完善成员培训、规范实践环节、凝练实践成果，最终达到共同增长才干、解决实际问题的社会实践活动。

一、高职院校学生团队实践的分类

高职学生团队实践内容广泛、形式多样，范围覆盖各个领域与地区，深入田间地头、社区街道、车站，以及革命老区、贫困地区、少数民族聚居地区和建设新时代文明实践中心试点地区的乡村开展社会实践活动。

（一）理论普及宣讲服务

理论普及宣讲服务重点围绕党的政策和先进文化，开展宣讲报告、学习座谈、调查研究、政策宣传，以及开展法律法规宣传、法治建设宣讲、法治成果展示等形式的社会实践活动。

（二）教育关爱服务

为支援落后地区乡镇中小学教育和教学管理工作，高职学生到乡村中小学开展支教活动，坚持扶贫与扶志、扶智相结合，到基础教育薄弱、教育资源匮乏的农村基层、贫困地区和少数民族聚居地区，开展学业辅导、亲情陪伴、自护教育、素质拓展、敬老孝亲等形式的精准关爱志愿服务活动。

（三）科技支农帮扶服务

科技支农帮扶服务是指高职院校发挥自身的科技优势，组织高职学生实践团队到农村，重点围绕脱贫攻坚和乡村振兴，开展农技培训推广、农业科普讲座、金融知识下乡、乡村规划引领、乡风文明宣传等形式的社会实践活动，帮助农民解决生产和经济发展过程中遇到的技术问题。

（四）爱心医疗服务团

爱心医疗服务团是重点围绕健康中国战略，到农村基层、贫困地区和少数民族聚居地区，开展健康普查、巡回医疗、流行性疾病防治、基本医疗卫生知识普及、乡（村）医疗站建设等形式的社会实践活动。

（五）文化艺术服务团

文化艺术服务团是重点围绕培育和践行社会主义核心价值观，开展艺术创作、惠民展演、全民阅读、文化普及等形式的贴近基层生活实际、基层人民群众喜闻乐见的社会实践活动。

（六）社会调查

社会调查是指高职学生社会实践团通过精心策划和前期调研，科学设计调查内容和形式，对特定问题进行有针对性的调查研究。比如，农村义务教育现状调查、未成年人思想道德建设情况调查、农村经济发展调查等，通过调查发现问题，运用所学知识提出建议和解决方案。

（七）行业见习

行业见习是指高职学生通过到企业参观见习，了解具体的生产环节，深化理解所学知识。此外，高职学生还可以运用掌握的专业知识，在一定程度上帮助企业解决技术难题，促进企业的发展。

（八）历史教育

历史教育是指高职学生通过参观历史遗迹、革命圣地、博物馆等，接受爱国主义教育，实地体会历史，切身感受传统文化精神的力量，深刻理解社会主义核心价值体系的内涵，进一步树立正确的世界观、人生观和价值观。

二、高职院校学生团队实践的特点

高职学生团队实践作为高职学生社会实践的重要形式，在组织实施、人员组成、措施保障、实践效果等方面具有自身特点，主要表现在几个方面。

（一）团队实践的过程和形式具有较强的集中性和合作性

社会实践团队中的成员来自不同的生源地，有着不同的学科专业、不同的成长背景和思维观念，在实践过程中，对于事物和问题的看法必然会有所不同。他们在团队中的交流不仅有利于不同思想的交融与碰撞，更有利于学生的成长和社会实践成果的体现。同时，不同学科的知识相互交叉融合，资源互补，更容易解决实践中遇到的问题，得出最佳解决方案，尤其是在服务类的实践项目当中，能够发挥更好的作用。另外，高职学生以团队形式到社会当中去实践锻炼，将极大提高其团队合作意识，为其成长发展打下良好的基础。

（二）团队实践的目的和措施具有较强的针对性和实效性

团队实践在立项过程中，要充分考虑到成员的知识结构，选取与其专业相关的课题，通过调研和实践，在注重实际应用的同时，对自身所学知识进行检验和提高。这样具有针对性、实效性的实践，充分考虑了自身的学科优势和地方的实际需求，不仅对社会做出了贡献，也使学生们从中获取了宝贵的经验，激发了学生们学习的热情。

（三）团队实践的开展和实施具有较强的规范性和科学性

团队实践往往具有充分的前期准备和科学、系统、完整的实施计划。社会实践的过程都具有较强的规范性，每一个环节都要有详细的计划、具体措施和应对方案，并针对实施过程中发现的问题进行及时调整，可保证实践活动顺利、有序地开展。

团队社会实践以其思想交融、知识共享、进程规范有序、成果显著等特点，在高职学生社会实践中具有不可替代的作用。

第二节 高职院校学生实践团队的组织与管理

社会实践是高职课堂教育的有益补充，是高职学生认知和了解社会的重要途径，能有效激发高职学生学习兴趣，加强道德修养。高职院校根据人才培养目标，依靠学校和社会力量，高效组织和管理高职学生社会实践活动，积极发挥社会实践的育人作用，促进高职学生了解社会、了解国情、增长才干、奉献社会、锻炼毅力、培养品格，增强社会责任感，实现寒暑假社会实践育人工作的良性循环。

一、高职院校学生实践团队的组织实施工作

（一）明确实践团队的优越性

首先，实践团队拥有带队教师，学生们在实践过程中遇到的问题可以得到现场指导。师生交流及时、沟通畅达，有助于提高学生们的积极性和主动性。教学相长，教师也更容易发现问题，反思课堂教学效果，提高理论研究水平。其次，实践团队可得到相关部门在经费上的支持，可创造条件，依托学校、学院等力量联系实践地点,借助团队力量对活动进行内外宣传、有效分工，形成合力，发挥出团队的最大优势。多支实践团队可在科技、教育、文化、卫生等领域同时推进开展寒暑假社会实践活动。

（二）着力加强实践团队的师资力量建设

学生是社会实践的主体，但教师的具体指导是保证社会实践效果的重要保障。教师的参与意识、社会实践综合能力，决定了教师在指导实践团队开展活动的水平与效果。因此，学校

要尽快制定、完善激励机制，鼓励教师自觉提升社会实践参与度，积极发挥其在寒暑期社会实践中的积极作用。

（三）加强社会实践基地建设

社会实践基地是实践团队开展寒暑期实践活动的根据地，它为活动开展的稳定性和长期性提供强有力的保障。高职院校要通过校企合作、与地方共建等方式加大实践基地的建设力度，为实践团队顺利开展相关实践活动提供优质平台。高职院校可以社会实践基地建设为契机，发挥实践团队项目的桥梁作用，将学校的科研力量与社会需要相结合，逐步提高基地的层次和转化能力，助基地建设实现双赢。

（四）加强实践团队项目化建设

实践团队要发挥专业优势，在项目设计上要与时代主题相结合，突出知识创新、技术创新，组织学生在具体的项目中运用专业知识解决技术问题，开展社会调研等活动，以锻炼提升各种实践能力。

（五）制定科学合理的考评机制

要检验实践团队社会实践育人效果必须建立一套科学合理的考评机制，通过这种标准客观量化评价学生的社会实践效果。高职院校的实践团队实践成果多以社会实践报告来体现，但如何通过实践报告来判定学生社会实践能力的提升度确实不易。在考评机制制定过程中，要多听取采纳实践团队、实践基地负责人的意见和建议，使评价体系更为全面，更接地气。

二、高职院校学生团队实践的管理工作

为了保证高职学生团队实践活动健康、规范地开展，科学到位的管理与指导是必备条件。只有管理规范合理、指导科学到位、制度系统完善，实践活动才能够顺利开展，取得明显成效。本节从制度规范、组织保障和政策指导三个方面来具体阐述高职学生团队实践的管理工作。

（一）制度规范

为了保障社会实践工作合理健康开展，各团队项目管理更加规范有序，团队实践工作应该从制度方面进行更加严密的规范，将一系列工作作为社会实践的制度确定下来，并加以推广实施。

1. 制定详细规范的实施制度

制定详细规范的社会实践规章制度，可以避免实践活动受到人为因素的干扰和限制，并对整体工作起到引导和指向的作用。例如，完善资助制度，明确团队实践的经费来源及用途；规范财务报销制度，加强经费使用的管理和监控，确保在有限的经费支持下，达到最佳的实践效果；明确评奖条例，起到积极的引导和指向作用。这一系列制度的明确和规范，都能够对高职学生团队实践活动起到良好促进作用。

2. 建立全面系统的沟通制度

一方面要进一步加强与地方组织的协调配合，在经费、指导、策划、实施、调研、协调等方面得到各级地方组织的有力支持与配合，使团队实践工作得以顺利开展，并取得良好的成果，为促进地方文明建设和学生成长成才的共同目标而努力；另一方面要进一步加强与新闻媒体的联系沟通，将团队实践的情况及时准确地传递给社会大众，加强正面宣传和引导，在社会中和校园里营造更加浓厚的社会实践氛围，努力达到人人了解社会实践、人人支持社会实践、人人参与社会实践的效果。

（二）组织保障

高职院校社会实践工作的顺利开展，离不开学校的组织保障，应以学校名义与社会各界积极沟通联系、紧密配合，为团队实践创造良好的氛围与保障。

1. 建立健全完善的组织机构

整合各组织及其职能，建立专门的社会实践活动管理机构。总体上负责社会实践活动的组织、管理、评价等工作，避免政出多门现象发生。同时，将管理机构具体部门分工明细化、规范化，使社会实践工作的管理更加具体、到位。职责清晰，任务明确，机构运行顺畅，将很好地保证社会实践的顺利开展。

2. 建设有效的社会实践教育基地

继续完善社会实践教育基地和社会实践活动基地。社会实践基地可以有效提升团队社会实践的总体水平，提升社会实践的经常性和持续性。规范完善的教育基地，是社会实践活动有力的依托，可为社会实践的顺利开展提供必要的支持的引导，是社会实践能够科学、深入开展的重要保证。

（三）实践指导

长期以来的各项实践活动表明，学生从实践中受益多少和实践成果水平高低，取决于是否得到科学及时的指导。制定手册详细阐述社会实践的指导思想和重要意义，并且针对社会实践活动在筹备、开展中涉及的一系列问题做出详尽解答，提供通过以往经验总结归纳后得到的指导意见。指导手册作为社会实践工作的政策导向和行动指南，从理论上为社会实践活动的开展和进行提供了依据，可使社会实践参与者的困难和疑问得到及时的解答，是指导社会实践活动顺利开展的重要工具。

【案例 2-1】 柳铁职院重点团队实践项目

暑期“七彩假期”社会实践

——柳铁职院助力扶贫“三下乡”中创造人生价值

一、活动背景

本活动开展于国家大力开展精准扶贫工作的背景下。为了更好地贯彻落实国家的大政方针，更好地实现脱贫成效，达到预期的效果，有些政府因地制宜，开展了易地扶贫搬迁安置点项目。项目开展以来，随之产生了教育、文化、卫生等方面的不足，尤其是青少年教育等问题更需要重视。针对这些情况，柳铁职院团委展开了系列调研，为了让易地扶贫搬迁安置点的青少年能够拥有一个丰富的假期生活，特地开展暑期“七彩假期”社会实践，引导青年学生与祖国共奋进，与时代同发展。

二、目标理念

引导目标：引导青年认识国情、围绕国情助力国家发展，共同助力中国梦，在实践中创造人生的价值。

指导思想：全面贯彻落实党的十八大、十九大及习近平总书记系列重要讲话精神，以习近平新时代中国特色社会主义思想为指导，贯彻落实党中央提出的“三大攻坚战”政治任务。引导青年学生积极投身改革开放和社会主义现代化建设，不断增强在夺取全面建设社会主义现代化国家新胜利的伟大实践中奋发成才的使命感和责任感，坚定跟党走中国特色社会主义道路的理想信念，提高大学生综合素质与核心竞争力。

三、思路做法

（一）路径

实践是思想认识的源泉和归宿。围绕柳州各县“易安点”的实际情况，调研实际需要和存在问题，聚焦青少年学生的暑期需要，通过集中观看视频、游戏互动、知识传送等方式开展义务支教、文化宣传、卫生清扫等工作，同时增强高职学生认识社会、了解社会和服务社会的要求，结合自身特点，有针对性地选择社会实践体验，让高职学生在实践中深化正确的思想认识，在服务中加深对祖国的感情，增强服务社会的意识与能力。

（二）载体

柳铁职院开展暑期教育、文化、卫生“三下乡”社会实践活动，获得了全国暑期“三下乡”社会实践重点项目立项，通过聚焦“易安点”扶贫项目，以“七彩假期，情暖童心”为主要内容，设计开展义务支教、政策宣传、文化下乡、关爱留守儿童等“三下乡”活动。

（三）具体做法

前期，学校党委高度重视，党政各级领导对活动给予了极大的关注。校团委成立社会实践领导小组，抓好组织、宣传、培训、指导和考核等工作，并印发了通知文件，文件就学生社会实践活动的主题、内容、组织形式等提出了明确的要求。学生通过报名面试筛选，择优参加社会实践项目。开展社会实践调研和前期各项资料搜集、物资准备、项目申报等工作，同时邀请上级组织共同参与，增强项目的重要性和关注度，从而更好地开展活动。中期，进行实地走访，联系居委会等相关机构，寻求帮助、共同参与，根据实地需要与社区青少年儿童共同开展义务支教、文化宣传、政策宣讲、卫生清扫等系列活动，既丰富了当地青少年学生的假期生活、提升了文化水平，也帮助当地居民和青少年共同树立爱护家园、知晓政策的意识，为易安点的居民更好的生活提供帮助。后期，进行宣传总结，以校级宣传平台为主阵地，利用校内外各级各类媒体进行宣传。通过校内的大力宣传，引导高职学生树立责任意识，围绕国家扶贫政策，更好地关注和参与扶贫工作。

（四）经验启示

组织领导有力，指导思想明确，上下形成合力。学校结合实际，发挥高职学生的知识、文化等特长，用饱满的热情投入国家的建设，助力精准扶贫，为此贡献青春智慧和力量。

通过与当地团委、社区“联点共建”，使学校“三下乡”社会实践活动与联点单位形成常规化、制度化，做到“牵上手、拉得住、齐步走”。

四、活动实效

柳铁职院的寒暑期“三下乡”活动围绕国家发展、社会需要、学生成长的思路，收到了多方受益的良好效果，达到了传递正能量，学生受教育、长才干、做贡献的预期目的，取得了显著成果。多年来，学校在寒假春运工作中结合专业特色发挥才干，多次获得全国铁路春运志愿者集体荣誉称号，每年的暑期社会实践项目均获得国家、自治区、市级各类荣誉和重点项目和先进个人荣誉称号。本次的“易安点”暑期社会实践项目获得了 2019 年度全国重点暑期社会实践项目荣誉称号。

【案例 2-2】 柳铁职院自治区级特色社会实践项目

发挥专业特长，助力铁路寒暑期客运服务

——柳铁职院运输管理学院寒暑期社会实践项目

为深入学习贯彻习近平新时代中国特色社会主义思想和党的十九大精神，把贯彻落实全国高校思想政治工作会议精神进一步引向深入，同时贯彻执行团中央发出的关于组织开展全国大中专学生志愿者假期文化科技卫生“三下乡”社会实践活

动的通知精神，鼓励学生积极投身到社会实践中，在实践中锻炼成长、成才，运输管理学院根据铁道交通运营专业特点和社会现实需要，积极组织铁道交通运营管理专业学生开展社会实践活动，运用专业技能服务铁路春运、暑运，收到良好的社会效果。学院决定连续组织学生寒暑假期间到中国铁路南宁局集团公司（以下简称“南宁铁路局”）部分车站开展社会实践活动。

运输管理学院自2007年起组织开展寒暑期社会实践活动。由车站兼职教师和校方指派的教师指导，把教学与生产紧密结合起来，让学生在实践中学到实用的专业知识和技能，从而提高职业能力，并且让学生感受铁路企业文化，培养良好的职业道德和稳定的从业心态。通过实践检验学生适应铁路站段运输一线岗位高强度的工作环境和铁路半军事化的管理模式，让学生具备较强的纪律性和安全意识、较好的服务意识、规范的职业礼仪、良好的沟通能力和团队合作精神。

一、活动实施方法和过程

1. 参与对象

铁道交通运营管理、城市轨道交通运营管理、铁路物流管理等相关专业的学生。

2. 形式内容

组织学生参加铁路车站的春运、暑运工作，经过短暂的岗前培训及跟班，独立上岗开展社会实践。主要内容是提供客运售票服务、旅客咨询服务、候车服务及旅客乘降服务。

3. 过程概要

从2007年起，利用每年的寒暑假，每期时间达40天左右。

每一期首先根据铁路站段用人的需求，组织学生学习和领会铁路春运、暑运工作的文件精神和相关要求，在校内或到车站进行岗前培训，考试合格后按车站安排独立上岗实践。活动期间校企双方派老师和工作人员共同指导，活动结束后进行总结表彰。

4. 安全保障

在为参加实践活动的所有学生购买学生人身伤害保险的同时，由校方和车站成立专门组织机构，召开动员大会，进行岗前培训，安全知识考试通过者方可参加社会实践活动，并安排专人负责学生社会实践期间的安全及生活问题。

二、活动成果

学生经过参加车站春运、暑运的社会实践，培养了铁路运输行业的职业道德和职业精神，巩固了铁路客运相应岗位的业务知识，提升了从事专业能力与技巧，同时也获得了一定的经济收入。

由于学生的参与，很好地解决了车站在春运、暑运客流高峰时人手严重不足问题，顺利、圆满地完成春运、暑运工作，进一步促进了校企合作。

学生在实践活动中以学生和“准铁路职工”的双重身份为旅客提供热情周到的服务，为铁路和学校都赢得了广泛的社会赞誉。

三、特色亮点

1. 实现三个零距离对接

学生社会实践活动与工作岗位零距离对接，学校教学内容和要求与企业岗位要求零距离对接，学校专业文化与铁路企业文化零距离对接。

2. 实现三方共赢

学校获得良好的声誉，企业圆满完成运输任务，学生能力得到提升。

四、活动影响

学生的热情服务，得到了广大旅客的好评，树立了铁路高职学生的良好形象。

学生在工作中的表现，得到了车站领导和职工的赞扬，与车站建立起长期、紧密的合作，这校企合作成功的案例也广受南宁铁路局各站段关注，也将在其他站段开展。

通过媒体的关注、报道，在社会上产生了较大、较好的影响。《南国今报》曾刊登了我院学生的事迹，广西电视台、铁路电视台都曾对学生进行了采访、报道。

第三节　高职院校学生个体实践活动

如前所述，高职学生团队社会实践有很多优点，但也存在一些问题。比如，组织成本较高、组织协调的难度较大、活动开展的时间比较固定等，不能够很好地满足广大高职学生参与实践的需求。在近几年的探索中，柳铁职院探索并实践了高职学生个体实践这一新的社会实践形式。它同传统的社会实践形式形成优势互补，丰富了社会实践内涵。个体实践以其灵活机动的形式和丰富创新的成果被越来越多的学校接受和推广。

个体实践是指学生以个人或者小组的形式，依据社会需求和个人兴趣，自主设计实践内容和计划，利用所学知识及个人特长在课余时间或假期开展的以培养学生的学习能力、实践能力、独立思考能力、沟通交流能力创新能力和社会责任感等为目的的社会实践活动。其中，小组形式与团队形式有所不同，它是指组内成员有共同的实践内容和目的，而具体实践时以个体的形式进行。各成员分别到不同的地点进行实践，最终完成实践过程。也就是说，小组形式进行的实践主体是个人而不是团队。它与传统的团队实践相比，最大的特点和优势在于充分体现了学生的自主性，给予学生更多个性化空间，有助于提高和增强学生个人的创新能力。

（一）个体实践的特点

个体实践形式在实践成本和活动覆盖面等方面有非常明显的优势。由于个体实践能满足学生的个性发展需求，可以调动学生的积极性和创造性，吸引着越来越多的学生和教师投入其中。总体看来，个体实践具有几个方面的特点。

1. 实践主体的广泛性

实践主体的广泛性是个体实践最显著的特点。在组织社会实践活动时，要对所有学生进行层层选拔，最好是每个成员都有某些方面的特长，因此人选的人数比较有限。另外，考虑到实践成本以及如何与实践地点保持联络等问题，学校只能重点资助有限数目的团队，从而导致实践活动的覆盖面较低。而个体实践则摆脱了这些限制。学校提供若干社会实践项目，学生根据实际情况选择其中一项或几项，也可以自己策划一个方案来实施，从而调动了学生参加社会实践的积极性，使更多的学生可以参与其中，极大地拓展了活动的覆盖面。

2. 实践时空的灵活性

个体实践的实施者为学生个人或者小组。时间上，主要由学生与实践单位联系确定具体时间，包括寒暑假以及平时的课余时间，避免了实践活动参与者、学校与实践单位三方统筹协调的烦琐，体现了更大的时间灵活性。目前开展的主要个体实践活动，如寻访校友、名人访谈等，时间覆盖全年并可随时开展。空间上，实践地点不再局限于有限的几个实践实习基地，而是由校内延伸至校外并依据高职学生家乡的地域广度覆盖全国各地。时间的灵活性以及空间的广泛性，使得个体实践活动更加丰富多彩。

3. 实践内容的多样性

个体实践主体的广泛性和实践时空的灵活性构成了实践内容的多样性基础。在个人实践活动中，不同专业和学科背景的学生可以根据自己的实际，开展不同类型的社会实践活动。由于团队活动自身的局限性，传统意义上的组团社会实践内容一般为文化、科技、卫生“三下乡”志愿服务、支教等，而个体实践除了以上内容外，还可广泛地开展母校回访、志愿服务等实践活动。

4. 实践成果的丰富性

组织社会实践的目的之一就是引导高职学生更好地认识自我，努力调整并完善知识结构，提高所学的学科知识同实际相结合的能力以及综合其他学科的能力；鼓励学生学以致用，服务社会。个体实践成果，包括各类社会调查报告、利用专业知识开展的专项研究成果、读书报告、访谈记录等，这些成果提高了学生个体的综合素质，并得到社会的广泛认可。

（二）个体实践的形式

为进一步提高青年学生的社会责任感和调查研究等实践能力，学校在个体实践方面进行积极探索，深入研究社会实践与招生就业、专业学习、勤工助学、志愿服务、就业择业等相结合的新机制，为社会实践活动注入了新的活力，取得了丰硕成果。根据个体实践内容的不同，可以分为几种形式。

1. 社会调查

社会调查是个体实践的一种主要形式，由于个体实践的主体具有广泛性的特点，每个人或者小组都可以独立地完成一个项目或课题，因此可以很好地与学校、社会的热点问题相结合。

2. 个体访谈

个体访谈是个体实践的另一种形式。在这个过程中，学生可以通过与社会公众人物进行访谈、走进企业、寻访校友等活动，不必受地域和时间的限制，根据不同的主题和目标来确定采访对象，自主联系，自发采访，自行整理，在进行社会实践的过程中，很好地锻炼他们的交际能力、表达能力和统筹能力。同时，也可以巩固和拓展就业渠道，提高就业质量，有针对性地锻炼学生的综合素质。

3. 专业实践

个体实践的另一种重要形式就是专业实践。通过参与实践项目检验学生对专业知识的掌握程度。加强实践活动与专业知识的结合度，可以很好地激发学生的专业兴趣，强化学生对专业知识的理解、掌握和运用。通过这种方式，学生既能把自身所学的知识传授给他人，也在传授中深化了对专业知识的理解，促进了专业知识的学习，提高了广大高职学生参与社会实践的积极性。

4. 勤工助学

勤工助学也是学生个体实践活动的主要形式之一。高职学生勤工助学是学生利用课余时间，在学校规定的许可范围内，通过参加科学技术、文化教育服务及其他合法劳动获得报酬，以培养高职学生自立能力及创新能力为主要目的的各种劳动和服务。

5. 母校回访

母校回访是利用学生寒暑假返乡的时机，学校拿出一部分路费补助并提供相关资料，鼓励学生在家乡的中学母校开展与学弟学妹座谈等实践活动。通过在中学召开讲座和座谈会、发放调查问卷、介绍专业和高职学生活等形式，一方面能够有效帮助中学生树立学习信心明确学习目标，还能为学校招生宣传工作做出一定的贡献。

（三）个体实践的作用

社会实践活动是高职院校贯彻党的教育方针，培养适应知识经济社会的高素质新型人才的有效途径，是高职院校思想政治教育工作不可或缺的重要组成部分，也是促进高职学生提高综合素质、全面成才的有效途径。个体实践对学生成才的重要作用有以下几个方面。

1. 加强个体实践，能培养高职学生正确的价值观

高职学生的价值观是高职学生认识、处理问题的根本导向，加强对高职学生价值观的引导，帮助高职学生在社会实践活动中构建正确的价值观，对社会、对高职学生个体都非常重要，而借助社会实践活动的示范作用无疑是一种重要的方式。学校团委、学工处、青年志愿服务协会就是把思想政治教育渗透到高职学生社会实践活动的各个环节之中，使广大青年学生在各项志愿服务、关爱帮扶活动中树立独立、民主、平等、团结、协作、奉献、探索、创新等精神，经过参加社会实践，使广大高职学生更加理性地面对社会，反省自身，在为社会服务的同时，树立自己正确、健康的人生价值观。

2. 参与社会实践，能强化高职学生社会责任感

社会责任感必须通过社会实践来强化，让高职学生在社会实践的大课堂中感受到个体与社会、自身与他人的真实存在，感受到个体与外在世界息息相关，从而使高职学生更客观地评

价自我、认识国情、学会判断、学会选择、学会承担。学生个体参加“敬老助残”“关爱留守儿童”“慰问孤残之家”等多项社会志愿服务工作，能够获得履行社会责任的体验和感受，从而进一步增强自身的社会责任感。

3. 投身社会实践，能丰富阅历、开拓创新

高职学生在组织、策划、参与各项活动中，能够扩大视野、激活思维、增长才干、丰富阅历，为自己今后的学习、就业、创业积累经验，打好基础。而当高职学生在各项社会实践中都取得一定成长后，就会更加激发高职学生的参与意识，同时也会激发他们的创新意识。创新是一个民族、一个社会再发展的动力和灵魂。青年人有朝气、有活跃的思维，我们就应该引导和教育广大青年学生积极参与、广泛实践，激发其创新潜力，从而引导他们在参与社会实践的过程中继续学知识、长才干、得锻炼。

（四）个体社会实践的工作探索

个体社会实践必然要走入社会，依靠社会力量，要充分考虑当前社会的环境和高职学生成长的实际情况和需求，最终形成一套完整的运作机制。

1. 积极完善制度体系

从学校的角度来说，个体社会实践工作离不开学校的重视，离不开个体实践相关制度的完善。学校领导和教师要提高认识，统一思想，建立完善的社会实践制度体系，编制与高职学生各学习阶段和各专业特点相适应的系统的社会实践计划和

大纲，并编写教程，规定实践目的任务、内容、形式和要求，配备专门指导教师。要制订高职学生社会实践个体实践相关管理办法，加强对个体社会实践的顶层设计，包括从方案征集、立项，到个体实践的培训指导和过程指导，再到实践的总结、表彰等环节设计。加强个体实践氛围的营造，完善个体社会实践考核体系，使每一名参与者都有机会、有场合进行总结和展示。

2. 充分发挥学生主体作用

学生是实践的主体，各高职院校可尝试把社会实践逐步纳入学校教育教学总体规划，规定学时和学分，引导学生将社会实践当成了解社会、体验生活、检验所学、服务社会的重要途径。在组织开展个体实践的过程中，要充分调动广大青年的实践自主性，引导高职学生珍惜每一次实践的机会，使其充分认识到社会实践在其成长成材过程中的重要作用。此外，加强对高职学生个体社会实践的培训，引导高职学生掌握为何实践、实践什么、如何实践的相关理论与方法，让高职学生在实践中有所感，有所悟，有所学；创新个人实践的形式和内容，吸引高职学生积极参与。同时，学校要给予高职学生个体实践更多的自由度，对于实践形式、实践地点、实践成果等方面不宜做硬性要求，充分发挥广大高职学生的聪明才智。

3. 主动调动社会力量参与

社会资源是个体实践的重要保障，个体实践工作要想出成效，就必须整合各种资源，夯实基地建设，努力寻求地方政府和社会的认可与支持。要主动与城市社区、农村乡镇、爱国主义教育基地、企事业单位、部队社会服务机构加强联系，本着合作共建、双向受益的原则，从地方建设发展的实际需求和高职学生锻炼成长的需要出发，建立多种形式的社会实践基地。同时，要加强对学生的实践培训，提升学生的实际动手能力，使学生在接受锻炼的同时也为单位带来一定的经济效益，吸引社会资源积极、主动支持个体实践。

【案例 2-3】 柳铁职院学生个体实践活动

“节能减排，校园生活垃圾分类你我行”之多功能垃圾桶的制作

一、项目综述

多功能垃圾桶是柳铁职院学生个体社会实践项目的其中一个作品，该作品由柳铁职院动力技术学院 19-机车 85 班学生田冰同学在 2020 年新冠肺炎疫情放假期间，在学校创新创业学院教师的指导下完成。该作品主要针对日常生活中垃圾存放问题，设计了一套适用于密闭或公共场合垃圾处理的实用性垃圾桶，可为医院等场所提供卫生方面的便利，也可改善生活垃圾所带来的问题。

通过该项目，可以提高高职学生社会实践的能力，让高职学生有机会接触、体验科技创新，进而加强学生们的动手思考能力，培养勇于实践、乐于实践的新思想，让增长本领成为青春搏击的能量。

二、工作特色

日常生活中的垃圾存放有三个显著缺点：

第一，存放垃圾的异味，带来了很大的环境影响。

第二，垃圾不及时清理，容易遗忘，影响日常卫生。

第三，在收纳垃圾时，步骤烦琐或者操作不当，导致垃圾外泄。

本产品针对这些问题而改进创新，产品特点如下：

第一，垃圾桶具有消毒功能，甚至还可以选择自己喜欢的味道，带盖的设计也能很好地控制气味。

第二，利用提醒功能及时处理垃圾，不至于遗忘或耽搁。

第三，可以简化收纳垃圾的烦琐步骤，和本产品的特点二相辅相成。

三、设计方案

1. 电器控制

利用桶盖向下的压板，检测容量，设置好一定垃圾容量，到达相应的容量，盖板下压感应，控制小型留声电板，进行声音提示。同时，利用内桶上的齿轮收缩装置，利用齿轮拉线收放，把垃圾袋汇集在一起，利用小型热熔性封口装置进行封装。考虑到功能多，在进行排线和设计中可能会有小幅度改动。进行调试还要有一定的技术支持。

2. 机械部分

齿轮皮带装置聚集在一起，齿轮收放功能和小型热熔性封口装置进行封口，垃圾桶的内壁可以储存消毒化学物质或者气体消毒装置。考虑到皮带装置，需要进行精确测试。并且要考虑消毒物质的选择。

3. 理论设计计算

垃圾从上向下压板，通过对垃圾数量的测量，带动皮带和封口机进行收纳。

4. 工作原理及性能分析

利用消毒物质达到对卫生的要求，利用机械化的皮带进行垃圾收纳，封口机封口，完成无接触式的垃圾回收。

四、体会与思考

个体社会实践创新项目，体现在两个词上面。一个是“创新”，另一个就是“实践”。通过个体社会实践，在参加活动的过程中让学生得到提升，在空闲之余多动脑筋，培养“科技改变生活”的意识；拓宽视野，用全面的眼光、发展的眼光看待世界。该活动最大的特点和优势在于充分体现了学生的自主性，给予学生更多个性化空间，有助于提高和增强学生个人的创新能力。

创新创业，需要学生动手实践，柳铁职院充分运用 2020 年广西高校共青团“第二课堂成绩单”精品课程搭建的互动平台，以创新项目为导向，结合专业教育，将创新创业教育和科技创新活动融入“三全育人”全过程，通过线上线下混合式的教学模式，运用理论学习、项目训练等教学形式，既发挥教师主导作用，也让学生学会依据社会发展、专业情况、职业需求等开展创新研究与实践，帮助学生树立科学的创业观，具备符合职业需要的创新能力素质和基础技能。

第四节　高职院校学生社会调查实践活动

高职学生社会实践活动按照内容可以分为教育型、公益服务型、文化科技型、社会调查型、职业规划型、就业创业型、劳动锻炼型、勤工助学型等。其中社会调查型是各类实践活动的基础，高职学生参加社会调查实践活动，对于了解社会、认识国情，增长才干、奉献社会，锻炼毅力、培养品格，加深对中国特色社会主义道路的理解，增强历史使命感和社会责任感，具有不可替代的重要作用。

一、社会调查的特点和分类

社会调查主要包括以下四个要素：一是明确的调查目的，二是具有社会意义的调查对象，三是科学的调查方法，四是实际的调查效果。

社会调查根据其分析单位的不同，可分为宏观调查（如人口普查等大范围或大规模的调查）和微观调查（一般包括两三人或数人的小群体调查）。

根据调查内容和功能的不同，社会调查分为研究性调查（为解决理论性或政策性的问题而进行）和工作性调查（为解决当前实际工作中的问题而进行）两类。

从组织形式上看，社会调查主要有两种形式。第一，线上调查。充分利用互联网的各项功能来进行。第二，线下调查。学生可组成社会实践小分队，分赴各地开展社会实践活动。深入社区、商业中心、公园等场所实地考察或者发放调查问卷。

二、社会调查的一般程序

社会调查一般分为以下五个阶段。

1. 选题阶段

在选题阶段主要进行选定调查课题及设计调查方案等工作。

2. 准备阶段

在准备阶段主要进行确定调查内容、调查工具、调查对象等工作。

3. 调查阶段

在调查阶段主要进行收集资料、实施调查等工作。

4. 分析阶段

在分析阶段主要进行审核、整理、统计、分析等工作。

5. 总结阶段

在总结阶段主要进行撰写调查报告等工作。

三、如何开展高职学生社会调查实践活动

学校开展的社会调查实践活动，是让学生走出校门，通过

广泛接触社会，开阔视野，增长见识，获得体验，在提高社会生活能力的同时，促进思想道德观念的内化。社会活动内容非常广泛，包括学工、学农、学军、家务劳动、公益活动、调查访问活动等。近年来，随着教育改革的深化，社会实践活动越来越受到重视，很多学校把研究性学习课程和社会实践活动相结合，极大地提高了学生的综合素质。开展这类活动时，学校应注意做好以下几方面的工作：

1. 在选题上要立足本地，因地制宜

学校不是世外桃源，不可能脱离社会而单独存在。因此，社会实践活动只有立足本地，从学校所处的社会环境中开发活动资源，才可能使活动有长久的生命力。目前，很多经济较发达的地区建起了社会实践综合活动基地。让学生在这样的基地集中参加活动当然很好，但是，这些基地的活动毕竟是模拟的，与真正的社会生活还有一定的距离。因此，我们不能光依赖这样的基地，应把眼光放在学校周围的社会环境上。比如多和社区、企业联系，开展诸如公益活动、参观访问活动、社会调查活动、企业生产活动等。同时，要尽量把活动的主题与教学活动联系起来，使同学们从书本上学到的知识在社会实践活动中有用武之地，这样，既能提高同学们参与活动的兴趣，又能加强他们对书本知识的掌握。

2. 在组织形式上，尽量以小组为单位、分散活动为主

社会实践活动要想取得成效，最重要的是坚持不懈，持之以恒。因此，不宜举办大规模的集中活动，那些一哄而起，一哄而散的大规模活动，不仅容易流于形式，而且会给相关社会

单位带来不便，最终导致失去他们的支持和配合。开展活动时，可以先向全班同学征集活动主题；接着，可通过指定或“招标”的方式，确定每个活动主题的小组负责人；最后，由组长和同学们通过双向选择，组成不同的活动小组，以小组为单位开展活动。在引导同学们选择活动小组时，要帮助每个同学分析本人的优势，尽量引导他们选择那些能够发挥自己特长的活动小组。

3. 要通过制定相应的规章制度，保证活动的开展

基本的制度应该有：活动计划制度（一项活动最好以一学期为一个时间单位，以周安排活动计划，计划要求有具体的活动时间、活动地点、活动内容）；活动记录制度（包括活动中每个同学的表现，同学们自己的体验和感受，活动的社会效应等）；活动通报制度（一个月或半个月，以班会的形式，各活动小组通报活动情况，交流活动经验）；活动评价制度（包括活动效果的评价、优秀活动小组、优秀个人评价等）。

4. 要通过教师的参与、指导，调动同学们的积极性

一方面，教师要积极参加每个小组的活动，并从活动计划、方法等各个方面进行指导；另一方面，可以帮同学们将科任老师和家长组织起来，鼓励同学们邀请他们加入各个活动小组，担当顾问，具体指导活动的开展。科任老师有学科优势，家长有社会资源优势，得到他们的支持和帮助，容易使活动取得成功。

5. 要高度重视活动中的安全问题

社会实践活动中，同学们都要走出学校走向社会，因此存

在诸多安全隐患，班主任应引起高度重视。首先，在平时的工作中，要加强安全教育和自救自护能力。其次，在每次活动前，负责人要实地考察活动中同学们要面对的人和物，特别是参加生产劳动时，要充分考虑劳动的强度，操作的难易程度，安全规范等，确认没有安全隐患才可允许同学们活动。最后，要尽量安排辅导老师或家长与同学们一起参加活动。

【案例 2-4】 柳铁职院学生社会调查实践活动

节能减排，校园生活垃圾分类你我行

2020 年 4 月，柳铁职院主办了主题为“节能减排，校园生活垃圾分类你我行”的“首届节能减排”调查活动，组织学生积极响应国家节能减排、垃圾分类的号召，进行该领域的社会调查实践活动，通过为期近一个月的社会调查活动，不仅开阔了学生的视野，更让学生发现了调研对象或是某些方面的不足之处、萌发了许多新的创新点，有的创新点最后转换成了科技创新成果，成功申报了专利。

（一）活动主题：节能减排，校园生活垃圾分类你我行

第一，组织高职学生实践团队在各社区进行宣传及调查。以“节能减排，校园生活垃圾分类你我行”为主题进行宣传，鼓励学生在调查实践的过程中提高自身的“节能减排”意识。通过调查了解各个社区节能减排方面所存在的问题，并提出建议整改方法。

第二，促使学校将节能减排作为重要内容，在学生思想道

德教育、综合实践活动的开展和校本课程的开发中切实体现节能环保的理念和要求，有意识地将节能减排工作与推进新课程改革相结合，从而推进新课程改革，全面实施素质教育，提高学生节约意识和环境素养。

（二）活动内容：开展“节能减排，校园生活垃圾分类你我行”社会调查，撰写调查报告

（三）进校园宣传、调查

组织成员到各系院班级、宿舍进行宣传及调查。以“节能减排，校园生活垃圾分类你我行”为主题进行宣传，通过调查了解各个系院节能减排方面所存在的问题，并提出建议整改方法，在系院进行咨询、问卷调查、宣传材料的发放，积极传播节能先进技术和理念，宣传节能先进典型和经验，提高同学们的“节能减排”意识。

（四）通过节能减排社会调查活动，根据调查结果为学校提出建设性意见，并对学生进行引导教育

1. 全面采取节能减排措施

结合本校的实际，强化师生的节能环保意识，从学校发展、建设及日常运行管理的全局出发，对节能、节水、环保工作进行统筹规划。要建立健全节能环保制度，做好学校发展和校园建设规划，加强基本建设、维修改造及日常工作、学习、生活运行过程中的节能环保管理，严格执行国家节能环保标准，积极采用新技术、新工艺、新设备，加强节能、节水、环保设备和器具的推广应用，有条件的学校要建设节水和中水使用设施，积极推广绿色照明和智能控制，节约每一滴水、每一度电、每一粒粮食、每一张纸，节约资源、保护环境。

2. 加强节能减排知识教育

结合环境保护类学科特点和专业课程进行节约资源、保护环境的教育，使广大师生成为节约资源，保护环境的自觉实践者。

3. 组织节能减排主题宣传教育活动

将节约资源宣传教育作为学生思想教育的重要内容之一。各学院班级依据学生年龄特点，以生动活泼、学生喜闻乐见的形式，组织以节能减排为内容的宣传教育活动。引导学生树立节能环保的观念，关注生活中的节约方式，学习和寻找节能的窍门和方法，熟悉要求、宣传群众、教育自己。通过社区节能减排主题宣传，引导广大市民，从我做起，自觉保护环境，培养节约能源的意识。

4. 开展节能环保社会实践活动

依托校内外社会实践活动场所，开展以节能环保为主题的社会实践活动，使学生在实践中学习节能环保知识和方法，掌握节能环保技能、深化节能环保意识、养成节能环保习惯，同时通过自己的行动来影响身边的朋友，使其参与到节能减排的行动中。

组织学生节能减排科技创新活动，开展高职学生节能减排社会实践和科技竞赛，鼓励学生通过亲身参与实践，为节能减排工作做贡献。

5. 营造节能减排校园文化与社会氛围

认真贯彻《教育部关于建设节约型学校的通知》和《教育部关于开展节能减排学校行动的通知》，编写宣传节能环保教育的资料，免费发放给学生与市民。利用网络、海报、刊物等各种方式，进行节能、环保宣传，营造良好的校园文化与社会氛围，进一步开展绿色校园，和谐社会的建设活动。

6. 探索推广教科书的循环使用

结合农村义务教育试行免费教科书制度，加大教科书的循环使用试点工作，总结经验、逐步推广。

第三章

高职院校学生志愿服务工作的发展与实践

习近平总书记在给中国志愿服务联合会第二届会员代表大会的贺信中指出，志愿服务是社会文明进步的重要标志。党的十八大以来，广大志愿者、志愿服务组织、志愿服务工作者积极响应党和人民号召，弘扬和践行社会主义核心价值观，走进社区、走进乡村、走进基层，为他人送温暖、为社会作贡献，充分彰显了理想信念、爱心善意、责任担当，成为人民有信仰、国家有力量、民族有希望的生动体现。希望广大志愿者、志愿服务组织、志愿服务工作者立足新时代、展现新作为，弘扬奉献、友爱、互助、进步的志愿精神，继续以实际行动书写新时代的雷锋故事。习近平强调，中国志愿服务联合会要认真履行引领、联合、服务、促进的职责，为广大志愿者、志愿服务组织服务他人、奉献社会创造条件。各级党委和政府要为志愿服务搭建更多平台，给予更多支持，推进志愿服务制度化常态化，凝聚广大人民群众共同为实现“两个一百年”奋斗目标、实现中华民族伟大复兴的中国梦贡献力量。

第一节　高职院校学生志愿服务概述

一、志愿服务的重要意义

自共青团中央于 1993 年 12 月发起实施中国青年志愿者行动以来，青年志愿者在我国重大活动服务、环保服务、扶贫服务及社区服务中都发挥着极其重要的作用。十九大报告中习近平总书记强调：“青年一代有理想、有本领、有担当，国家就有前途，民族就有希望。”而青年志愿服务恰恰是最能培育和践行社会主义核心价值观的手段之一。中华民族伟大复兴需要依靠这样的青年力量。大学生作为接受过高等教育，掌握专业知识技能的特殊群体，正逐渐成为青年志愿者主力军。随着时代的发展，高职学生志愿者自身、服务对象及服务内容也在发生着变化，对志愿服务认识也发生了很大的改变。十九大报告中指出，推进诚信建设和志愿服务制度化，强化社会责任意识、规则意识、奉献意识。如何通过构建高职学生志愿服务组织，引导高职学生做好志愿服务，搭建好高职学生志愿者人生舞台就显得尤为重要。另外，对服务对象而言，志愿服务除了为他们带去阳光、提供生活和心理上的援助外，还能帮助他们融入社会，增强归属感。

二、高职学生志愿者服务的新特点

随着经济全球化、社会信息化、文化多样化以及市场经济、社会转型的逐步推进，高职学生志愿服务主体、对象、形式、组织建构都在发生着变化。这一方面给高职学生志愿服务带来了难得的发展机遇，另一方面也给高职学生志愿服务提出了新的挑战。

高职学生志愿服务组织整体及个体的改变。高职学生志愿服务组织是在学校党委领导下由团委统一指导的学生组织，除了校级青协外，下设各学院分会。但在实际工作开展中统一的指导和管理还有待提升，独立性较强。志愿者们在实际的工作中，为保证某一项目的顺利进行往往采取“矩阵式”团队模式。

即以保证项目实施效率为原则，成员来自各个部门，创造和设计独有的团队培训方式。使各个部门成员能够发挥自身特长，提供全面发展的自我空间，但一定程度上削弱了原有部门的工作地位。高职学生志愿者已经从“90后”转向“95后”乃至“00后”。成长环境的不同使得其对志愿服务认识也不同，这对高职学生志愿服务组织活动的开展提出了新的问题与挑战。作为更注重个人发展与个人感受的一代，学生更喜欢相对自由的环境，这也导致了志愿者管理整体上比较松散，学生仅需网上完成简单的注册便能成为一名志愿者，导致大多数志愿服务组织缺乏对志愿者个人的有效管理。

三、志愿服务的基本形式

经过长期的探索与实践，国内外志愿服务工作已经形成了一系列较为常见的形式，如专项志愿服务工作、专业性志愿服务工作、公益性志愿服务工作等。专项志愿服务工作围绕某一确定的目标或项目组织临时志愿者参与，在项目全过程完成后，专项志愿服务工作也随之结束。专业性志愿服务工作是指具有某方面专业特长的个人或团队开展的具有长期性、基础性等特征的志愿服务工作。国内外在这一点上差别较大，我国的专业性志愿服务一般是指技术性支援，如义诊、支教、科技支农等，国外则多以受过专业社区工作训练的人员为主，如开展社区咨询和建设工作等。公益性志愿服务工作针对受到普遍关注的公共问题开展工作，如环保宣传、公共卫生知识普及、社会福利等。

四、志愿服务的组织特点

高职院校志愿服务组织不仅对高职学生综合素质的提高具有积极的促进作用，而且在解决社会问题、促进社会健康发展等方面具有不可忽视的作用，现已成为青年志愿服务组织队伍中活动积极、组织相对集中、影响力非常广泛的一个团体。

1. 类型和活动多元化

高职院校志愿服务组织虽发展时间不长，但凭借较快的发展速度，已形成了传统志愿服务组织与技能型志愿服务组织并存的局面，同时志愿活动的范围也不断增加，内容现已覆盖扶老助残、爱心救助、城市服务、文明宣传、支教支农、家教服务、社区服务、环境保护、应急抢救、政务服务和心理咨询服务等 11 个方面。

2. 专业化技能提升

随着志愿服务项目的拓展以及活动领域的深入，志愿活动对志愿者的专业素质要求越来越高，部分志愿服务组织已经注意到志愿服务需求的变化，逐步在开展志愿服务之前进行有目的的培训。一些依靠自身专业优势成立的技能型志愿服务组织，如急救协会、法学院维权组织等也开始出现，弥补了常规性志愿服务之外对技能要求较高的志愿服务的空白。

3. 社团化

随着志愿服务组织的不断成熟，社团化已经成为高职院校志愿服务组织的发展趋势。社团化的组织在会员的招募、培训、服务、考核和激励等方面具有更加严格的要求。高职院校志愿服务组织社团化的发展，表明志愿活动效果逐步提高。

第二节　高职院校学生志愿服务工作的现状与发展

高职学生志愿服务是高职院校在新时期开展高职学生思想政治教育的重要载体。开展志愿服务活动，一方面培育了高职学生的社会责任感和乐于奉献的精神，另一方面有效提升了高职学生的实践能力。同时，对建设社会主义和谐社会、提高国家治理能力现代化也具有深远意义。

一、高职学生志愿者服务的现状

自中国青年志愿者协会成立以来，高职学生志愿服务活动逐渐地丰富起来，成为青年志愿者活动中最富活力的群体。国内高职院校多数都以社团形式成立学生志愿服务队伍，招募队员，开展丰富的志愿服务活动。以柳铁职院为例，目前各类志愿者服务团体主要活动类型集中在支农、支教、卫生社区建设、爱老敬老、助残助困等方面，并获得了社会的广泛好评，志愿精神得到了弘扬。而柳铁职院依托专业优势创建了专业志愿者服务社团——社会工作协会，以“助人自助，服务社会，提升能力”为宗旨，通过专业志愿者培训，主要服务社区的各类弱势群体。近年来，学院团委依托社工协会，以搭载平台为载体，与社区签订系列合作协议，以特色活动为抓手，以每年 3 月雷锋月、7—8 月暑期“三下乡”、车站服务旅客志愿者和谐社区建设等为契机，以常态化活动为依托，以关爱“空巢老人”、留守儿童、特殊弱势群体为主题等开展了丰富多彩的志愿服务活动，获得了社会的好评。

二、高职学生志愿服务工作面临的新问题

我国高职学生志愿服务组织起步较晚，虽然近几年保持着高速发展，但仍存在很多问题。主要表现在以下几方面。

一是志愿服务队伍欠稳定化。志愿者多以自愿加入为基本原则，很多成员在组织发展初期情绪高昂，参与活动较为积极。随着好奇心的减退，加之又缺乏配套的专业培训和激励机制，许多人往往参与几次活动后就会选择退出。这使得高职学生志愿服务组织不能形成较为稳定的人员构成，影响其志愿服务活动长效化开展。

二是志愿服务活动欠常规化。虽然在活动开展前高职学生志愿活动组织会考虑到学生志愿者们的课程安排，但课程教学与志愿服务上的时间冲突时有发生。学校在学科培养上，往往更重视学科专业知识，而忽视学生服务意识的培养，没有将课程学习与社会服务相结合，学生往往会因课程时间安排而放弃志愿服务，这不利于志愿服务活动常规化发展。

三是志愿服务欠专业化。随着生活水平的改善和生活需求的分化，志愿服务需要不断深入和拓展。服务对象上不再满足

开展“扫大街、看老人、做表演”等“老三样”的志愿服务，而是期盼开展日趋多样、针对性强的服务项目。因此单一的内容和活动形式使高职学生志愿者丧失对服务本身的热情，认为难以获得锻炼与成长，导致志愿者大量流失。

四是志愿服务流于形式。随着高职学生志愿者队伍的不断壮大，越来越多的学校将志愿服务时间作为硬性指标纳入评奖评优体系。一部分高职学生将志愿服务当作获得综测加分的一种手段，或是某项荣誉的前置条件，偏离了志愿服务“奉献、友爱、互助、进步”的精神。这也使得一些高职学生在做志愿服务时就是“走过场”，不利于高职学生志愿服务组织形成良性循环。

五是志愿信息不对称。高职学生志愿服务活动的开展必然需要志愿信息的大量发布。传统的由各志愿服务组织成员主动寻求社会服务信息的机制过于僵化，难以激活高职学生志愿服务组织的潜力。政府、学校、医院、社区未设立统一平台用于发布志愿服务供需信息。学校也未将高职学生志愿服务组织资源进行整合，没有用于发布可提供志愿服务类型的信息平台。社会与学校之间信息的不对称，导致了高职学生志愿服务组织无法更好地体现其社会价值。

三、高职学生志愿服务工作的新对策

面对这些新特点、新问题，依托高职院校组织优势，完善志愿服务保障激励机制，推进志愿服务课程化、专业化，构建双向信息平台，是当代高职学生志愿服务组织建设的基本途径。

（一）完善保障、激励制度

首先，应建立一套完善的保障体系，为志愿服务提供强有力的保证。志愿服务需要高职学生走出校园，这就有可能会遇到各种问题，如何保障高职学生志愿者在志愿服务时的安全，就需要不断地完善制度保障。在这方面可采取以下对策：第一，指导教师对活动内容进行评估，判断是否需要购买短期保险。第二，建立小队负责制，任何志愿服务必须两人及以上完成，且活动前后都需向小队负责人员进行汇报登记，在志愿活动结束后向指导教师及时提交志愿服务登记表，并对活动后续是否继续开展进行安全预判。

其次，加强考勤、培训、激励体系建设。建立更专业的志愿培训制度，从而应对求助单位和个人对服务需求越来越精确化、专业化的趋势。加强制度考核，建立高职学生志愿者服务档案，对每次活动、每位志愿者的参与情况进行考核。在学期末对表现优异的志愿者授予“学院志愿服务之星”称号予以宣传和奖励，并将结果纳入学生评奖评优体系。

最后，因为高职学生志愿服务组织是非营利性机构，组成主体是学生，其费用来源相对单一，通常只能依靠各级指导部门给予资金支持，面对这一现状，不能选择被动接受，而该“走出去”。要积极对接或参与政府、社区、志愿服务组织的扶持项目，通过志愿项目开发、定制获取资金支持。

（二）推进志愿服务课程化

首先，志愿服务应与所学专业相结合，形成具有自身学科专业特点的特色志愿服务项目。其次，志愿服务的育人目标与高职学生思想政治教育的目标是一致的。即培养高职学生“奉献、友爱、互助、进步”的志愿服务精神，实现高职学生参与公共事务的同时增强综合能力，这为志愿服务纳入思政教育课程体系提供了理论依据。经过实地考察和资料查阅，编者认为可借鉴志愿者工作优秀的大学的做法，在不影响学校原有培养计划的基础上将志愿服务课程设置为必修学分，并设计出一整套包括理论教学、实践平台及评价体系在内的志愿服务课程体系，让更多的高职学生能够有机会参与志愿服务项目。志愿服务课程应基于合作互惠原则，强调以实践为基础，规划多元的课程内容。在理解志愿服务学术概念的同时，鼓励高职学生进行志愿服务并健全、完善实践后的分享、反思及反馈环节，从而增强高职学生志愿服务意识，促进高职院校志愿服务组织发展，繁荣高职院校志愿服务事业，引导学生更多地关注社会、服务社会。

（三）构建双向信息平台

建设一套志愿服务信息系统，整合学校及周边信息资源，为信息的双向交流提供前置条件。周边政府、社区、街道等部门可通过平台发布相应的任务信息，而志愿者在注册认证后可直接进行查看并领取相关任务。随后，应完善志愿服务信息系统规划布局。加强信息资源规划与保护，明确组织机构、志愿任务的准入标准，将场所、事件及人员等信息纳入采集范围，在确保安全的前提下，实现资源多方共享。例如志愿者可在注册时填写自身特长后进行系统自动匹配，选择参与最适合自己的志愿服务项目；在志愿服务结束后由所在部门、参与志愿服务的组织或个人进行双向评价。最后，加强志愿服务信息系统运行管理与维护，确保信息安全可靠。

高职学生是祖国未来的建设者，不仅需要过硬的专业实践能力，更应怀着一颗服务社会的热心。而志愿服务不仅可以锻炼高职学生的实践能力，让理论向实践过渡，更能增强高职学生的奉献精神，因此，推进高职学生志愿服务对策研究有着重大的现实意义。

第三节　高职院校学生社团志愿服务价值观培养

志愿服务是推进社会主义和谐社会不断发展，促进社会主义精神文明建设的重要举措，已经成为协调社会全面发展的重要力量。高校社团是我国志愿者服务队伍的重要力量，在这其中如何更好地发挥高职院校社团在志愿服务中的作用，引导高职院校社团以正确、科学的价值导向服务于和谐社会建设，值得我们去探讨。

一、高职院校社团参与志愿服务现状简析

在我国，很多高职院校都建立了以专门进行志愿服务为目的公益社团，如社区公益服务协会、高职学生社会工作协会、爱心进社区帮扶队等。高职院校社团平时开展社团活动的重要地点之一就是城市的各个居民社区，一些社团还和社区建立社团定点实践和社会服务基地，高职院校社团与社区建立了良好的互动关系，社团成员也同社区居民建立了良好的联系。

我国高职院校重视校园文化建设，其社团也得到了巨大的发展，大部分高职院校还建立了如社团联合会、学生社团管理中心、学生会社团部等专门管理社团的学生组织或部门。社团的发展为高职学生服务社区、进行社区志愿活动建立了良好的平台，一些有兴趣、有精力为社区进行志愿服务的高职学生以社团为纽带，利用周末和假期时间深入社区开展志愿服务活动，促进了社区的发展，对于高职院校社团志愿服务的发展也具有巨大的推动作用。

二、高职院校社团参与志愿服务的价值观

（一）志愿服务价值取向

价值取向是价值哲学的重要范畴，它指的是一定主体基于自己的价值观在面对或处理各种矛盾、冲突、关系时所持的基本价值立场、价值态度以及所表现出来的基本价值倾向。

价值取向具有实践品格，它的突出作用是决定、支配主体的价值选择，因而对主体自身、主体间关系、其他主体均有重大的影响。

志愿服务的价值取向，是指志愿者在志愿服务过程中，基于自身的志愿服务价值观，在面对服务对象、进行服务行动，解决志愿服务过程中出现的一系列问题时，所体现出的价值判断、观点、立场以及价值目标。志愿服务的价值取向对志愿服务组织及志愿服务人员进行志愿服务工作具有重大的指导作用。

（二）当前高职院校社团参与志愿服务价值体现

1. 高职院校社团参与志愿服务的社会价值体现

高职院校社团参与志愿服务，促进了社会主义精神文明建设。社团志愿服务种类多样、服务内容丰富，在参与志愿服务上业务范围涉及面广泛，既包括法律援助和服务、环境保护与治理、慈善爱心事业等方面，也包括文化娱乐进社区、技能培训与帮扶等志愿服务活动。高职院校社团的志愿服务活动已经成为学校社团建设的重要内容，同时也有利于推动形成良好的社会风气，为我国社会主义精神文明建设和社区文化发展贡献积极力量，如广西民族大学长期以来积极动员和组织学生社团参与社区内群众性、公益性活动，通过建立志愿服务机制，努力服务周边社区精神文明建设工作。目前该校已开展定点、定期服务活动，开展了爱心帮扶、法律援助、环保宣传和爱心支教等活动，深受群众喜爱。

2. 高职院校社团参与志愿服务活动促进了人力资源开发和优化

高职院校社团参与志愿服务的主体是高职学生，高职学生参与到志愿服务中有助于社会分工的形成和人力资源的优化配置与开发。参与志愿服务能够培养和提高参与主体的学习能力、分析和理解能力，培养参与主体的社会责任感。在此过程中，开发高职学生的智力、挖掘他们的潜力，甚至可以培养他们浓厚的兴趣，从而使他们立志于从事志愿服务等公益活动。

（三）高职院校社团参与志愿服务的自身价值体现

高职院校社团是在校学生自愿参加，根据相应社团的章程自由组成，并且能够自主开展活动的学生群众组织。其主体是学生，志愿服务能够为高职学生综合素质的提高搭建舞台。

当今时代就业形势严峻，在巨大的就业压力面前，高职学生越来越注重自身综合素质的提高。高职学生通过参与志愿服务，既发挥了高职学生服务社会的作用，提升了他们的社会责任感，也有利于增强高职学生服务社会、奉献社会的能力，有利于高职学生良好形象的形成。同时，高职学生通过参与志愿服务活动，加深了对社会基层人民生活状况的认识，以此激励自己把平日所学的知识与社会实际结合起来，更好地服务于社会。在活动的参与中实践者必须身体力行，锻炼动手能力、应变能力、创新能力和适应能力，培养艰苦朴素、吃苦耐劳的精神。在活动的得与失中积累丰富的经验教训和实践技能，这些宝贵的经验教训与实践技能，对高职学生今后走向社会进行工作发挥着重要的指导作用，均有利于高职学生自身综合素质的提高、责任感的增强和技能的提升。

【案例 3-1】 柳铁职院学生特色志愿服务项目

柳铁职院“志愿柳铁情，温暖回家路”志愿服务项目

一、项目组织基本情况

柳铁职院青年志愿者协会成立于 2005 年 5 月，是学校团委指导下的从事社会公益服务的青年志愿团体。协会秉承着“奉献、友爱、互助、进步”的宗旨，围绕“扶贫帮困助学”“科教文化宣传”“社会公益活动”“校园文明建设”四大类别开展志愿服务活动。2017 年 6 月至今，组织开展校内外志愿服务 900 余次，参与志愿服务志愿者超过 1 万人次，登记服务时长 66378 小时。协会常设指导老师 1 名，会长 1 名，副会长 2 名；设置秘书处、活动部、宣传部、策划部等 4 个部门，各设部长 1 名，会干 4 名；下设二级学院分会 6 个，骨干 90 余名，目前注册志愿者 11410 名。2010 年以来，协会结合本校办学特色，充分发挥学生专业优势，在广西各主要火车站点开展以铁路春运志愿服务为主，周末、节假日车站旅客服务为辅的志愿服务项目，并逐步形成特色品牌。项目开展以来，效果显著，受助对象反映良好，社会反响强烈。该项目有效促进志愿者专业素质和志愿服务能力的双重提升，拓展了志愿者的社会实践能力，有力

地推动了柳铁职院志愿服务水平的提升与志愿服务工作的深入、持续开展。

二、项目概述

“志愿柳铁情，温暖回家路”铁路志愿服务项目自2010年实施以来，已连续开展10年，至今有约2000余名志愿者参与其中，提供志愿服务约100800小时，服务旅客总量达70万人次以上，为受益人提供物质、生理、精神上的多重帮助。2017年，协会将该项目作为重点品牌项目进一步优化推进。将服务范围从3个站点扩大至12个站点；服务时间从春运单一时段扩展到各大节假日多时段；服务内容在便民服务的基础上增加应急服务，并开始关注旅客的精神世界，增加了多种形式的人文关怀服务，着重给回家路上的旅客送去温暖。总的来说，项目关注受益人的感受与服务质量，通过优选与培训，提升志愿者的素质与服务能力。同时，对参与项目服务的志愿者自身的收获与提升也更加重视。

三、项目目标

第一，除岗前培训之外，增加日常培训（礼仪培训、铁路客运服务专业知识培训、志愿服务知识培训等），提升志愿服务专业度。争取两年内建立完善的培训体系，使培训常态化、规范化、专业化，培训范围全覆盖，培训内容综合全面。

第二，通过对接车站，不断扩大服务范围，争取五年内覆盖全区各大站点，并建立定点合作。同时，利用志愿者就近原则，拓展周边小站，达成服务全区目标。

第三，通过表彰、分享、总结等形式，关注志愿者自我提升与发展，增强志愿者获得感，并将项目所得经验应用于校内外其他志愿服务。

第四，通过树典型、展风采的活动形式，通过加强各级媒体宣传报道，呼吁带动更多青年参与志愿服务。争取本校参与志愿活动人数、时长逐年提升。

四、项目成果

1. 服务范围扩大、受益人数增加

服务范围从 3 个站点扩大至 12 个站点。接待服务旅客人数逐年递增。服务社会，让更多人受益，是该项目最主要的成果。同时也反映出该项目志愿服务水平不断提升。

2. 参与人数增加

项目实施以来，参与人数从 2010 年仅 20 人，增加至 2019 年 645 人。项目吸引更多青年参与志愿服务，并使其在志愿服务中有所收获。

3. 大批优秀志愿者涌现

2019 年，项目中 50 人获得全国铁道团委优秀志愿者；100 人获得一星志愿者，62 人获得二星志愿者，7 人获得三星志愿者；102 人获得南宁铁路局优秀志愿者；345 人获得校级优秀志愿者。

4. 获得多项荣誉

该项目先后获得全国铁路春运优秀青年志愿者组织奖 4 次，广西铁路春运青年志愿者服务活动优秀组织奖 3 次，并获得 2012 年度柳州市优秀青年志愿者服务组织奖，中国铁路南宁局铁路春运立功竞赛优秀组织奖 3 次，校级优秀志愿服务组织奖。柳铁职院志愿者 2018 年被团中央评委全国优秀志愿者。

5. 受到各级媒体宣传报道

近年来项目开展期间,得到省部级以上媒体宣传报道2篇，市级以上媒体宣传报道12篇，铁路系统媒体宣传报道39篇，校、院级媒体宣传报道150篇。

6. 得到各站点肯定与旅客好评

项目使区内客流压力得到一定缓解，旅客投诉率有所降低。柳铁职院志愿者得到了车站的肯定以及社会的广泛认可。另外，也与柳州站建立青橙志愿者服务站，与南宁站建立青宁志愿者服务站。

第四章

高职院校学生课外科技创新活动概述与实践

第一节　高职院校学生课外科技创新活动概述与意义

一、科技创新的内涵

科技创新是原创性科学研究和技术创新的总称，是指创造和应用新知识和新技术、新工艺，采用新的生产方式和经营管理模式，开发新产品，提高产品质量，提供新服务的过程。

科技创新可以被分成三种类型：知识创新、技术创新和现代科技引领的管理创新。提出一个别人还没有研究过的课题，这是创新；用与别人不同的研究方法去进行研究一个已经研究过的课题，这也是创新；将一种理论、一个观点首次应用到实际中去，这是创新；将已经在某一领域得到应用的理论、观点、方法和手段，应用到新的领域中去，也是创新。科技创新具有以下特点：普遍性、价值性、主体性、新颖性、继承性和风险性。

二、开展高职学生课外科技创新活动的意义

创新是一项重要的实践活动，最能体现与时俱进的科学内涵。习近平总书记说："创新是引领发展的第一动力。抓创新就是抓发展，谋创新就是谋未来。"

《中华人民共和国高等教育法》明确规定："高等教育的任务是培养具有社会责任感、创新精神和实践能力的高级专门人才。"为此，很多高职院校在制订教学计划和培养方案时，都把培养高职学生的科技创新素质放在重要位置，社会也将高职学生科技创新素质的高低作为衡量大学水平的依据。

高职学生课外科技创新活动，主要是指在学校引导和教师指导下，学生个体或团队以兴趣和爱好为前提开展的以解决社会问题为切入点的实践活动。开展高职学生课外科技创新活动是具有重要意义的。

第一，开展高职学生课外科技创新活动是培养学生科技创新能力的重要手段，也是新时代发展的需要。新时代，国际竞争日趋激烈，但竞争的本质是人才竞争，谁拥有大量高素质的创新型人才，谁就掌握了竞争的主动权。尤其是在市场经济大背景下，具有创新能力的高职学生具有很大的发展空间，他们进入社会后，将会更加充分地发挥他们的创新能力。

第二，开展高职学生课外科技创新活动是变革高职学生学习方法的重要举措，也是建设"双高"高职院校的需要。高职院校培养的是高素质技术技能型人才，学校在不断加强学生动手能力的同时，更要注重其创新能力的培养，从软件和硬件等方面为创新人才的培养创造条件。加强学生科技创新能力的培养工作，是建设"双高"院校的本质需要和内在要求，也将进一步推进"双高"院校的建设。

第三，开展高职学生课外科技创新活动，培养高职学生科技创新能力是由"中国制造"向"中国智造"升级的需要。相对本科院校而言，高职院校在教学上更突出的是应用技术实践操作的能力，更强调是的理论与实践的结合。“动脑想”与“动手做”具有相互促进的作用。开展课外科技创新活动，鼓励学生在“动手做”的同时多“动脑想”，能充分激发学生学习知识和提升技能的兴趣，达到提升技能水平和创新能力的双促进作用。

第四，开展高职学生课外科技创新活动，培养高职学生科技创新能力是提高高职学生综合素质和服务社会发展的需要。高职学生在校期间培养科技创新能力，不仅能丰富知识，增长才干，而且还可以加强和社会的交流，增强自信心、责任感和自豪感。从毕业生就业情况看，具备科技创新能力的毕业生更能引起用人单位的重视，具有科技创新能力的高职学生在人才市场上更有竞争力。

第二节　创新与创意开发

一、创意的内涵

一般而言，“创意”是人们平常所说的“点子”“主意”或“想法”，一般源于个人创造力、技能和才华。创意是将一些简单、平凡的元素或生活智慧经过不断延伸、整合，赋予另一种意趣、表现方式或呈现形态的过程。创意是创新的开始，是创新的源泉，任何伟大的创造，初始可能只是表现为思想的火花。它基于对传统的继承，有所不同的是还会有破旧立新的创造。

进而言之，创意是“人类经历（概念和直觉）”的混合物的整合，它们可能是简单的或复杂的，伟大的创意可能产生巨大的新价值和财富。

21世纪以来，人类社会逐步迈向创意经济时代。人们的创造力、想象力层出不穷，创意也逐渐成为推动经济发展的关键力量。经济发展不再是简单的工业经济时代的规模决定一切，也不再是信息革命时代的技术万能。随着创意经济的出现，创意的本质深化为科学技术和艺术创造的结合，此结合力使人们重新认识到科学技术包含感性认识、艺术气质和美学内涵等方面。可见，在知识经济前提下，创意也是一种新的“流通货币”。

二、创意的特征

创意作为一种特殊的生产要素，具有不同于一般的已经显性化、编码化的知识，它的特征一般包括：难言性、创造性、价值性、不确定性、理由充分性、互补性。

1. 难言性

创意的难言性体现它难以被准确地描述和表达，因为人的某种观念、想法、灵感等是非标准化的。创意的产生高度依赖于个体的直觉、体验和洞察力，是难以充分交流的。

2. 创造性

创意是对现有的不合理事物的扬弃，革除过时的内容，确立新事物。创意首先应当具有创造性，这是创意的本质特征。

凡是创意，必然对原有思想、理论、技术、方法等有重大突破，并提出新的思想、理论、技术、方法等。马克思和恩格斯突破了黑格尔的唯心主义辩证法，费尔巴哈的形而上学唯物主义，亚当·斯密、李嘉图的政治经济学，以及圣西门、傅立叶、欧文的空想社会主义等的局限性，同时吸收了他们学说中积极的、合理的东西，从而创立了马克思主义。爱因斯坦突破了把时间、空间和物质运动割裂开来的绝对的、机械的时空观，揭示了高速条件下时间、空间与物质运动的变化规律，创立了狭义相对论与广义相对论，为日后世界上一系列重大科学技术创新奠定了崭新的理论基础。

3. 价值性

创意具有“创始”“修旧”之意，首创的意义在于第一个揭开了某一领域、某一方面的秘密，第一次揭示了某种内在规律，或发现、发明某种新理论、新技术、新方法，引起经济、社会的重大变革。从古今中外的历史来看，“创意”的主要特点是“创始”，即前无古人，独自创造。创意有明显、具体的价值，对经济社会具有一定的效益。

4. 不确定性

创意的不确定性集中体现为其使用价值和价值实现的未执行。例如，某种创意能否转化为某种现实的物化产品（服务），这种现实的物化产品（服务）能否被市场所接受，等等。这些在事前大都是未知的，只有最终经过市场的检验，才能够有明确的答案。

5. 理由充分性

创意的产生总是以一定的事实为依据，任何的创意都是建立在充分的根据之上，在现实的基础上加以想象和联想，最终得到新颖的想法。创意要具备充足的理由，绝不是凭空想象，更不是胡思乱想。

6. 互补性

创意的互补性体现在已有知识存量基础上的一种增量知识，是人类社会知识分工的一种深化，是一种分裂知识。创意本身并不直接转化为现实生产力，只有与已有的各种相关意识及各种类型的要素资源有机结合起来，并发生不同程度的嬗变，才能有效发挥其目的性。

从对创意特征的描述中可以得出：首先，创意所强调的是通过各种元素的组合形成各种新的物质，获得新的创意，它不是简单地相加或者模仿，而是在原有基础上的一种创造。其次，创意是一种迁移，所谓迁移，就是用观察此事物的办法去观察彼事物，就是用不同的眼光去观察同一个现象。通过这种视角的迁移，人们可以创造出许多新鲜的、交叉的、融合的、异化的新事物。最后，创意的元素包罗万象，可以是抽象的，也可以是实际的，可以是虚构的，也可以是现实存在的。

三、创意开发活动要素及过程

彼得·德鲁克在其所著的《创新与企业家精神》一书中说：

"创新是企业家的具体工具，也就是他们借以利用变化作为开创一种新的实业和一项新的服务的机会的手段。企业家们需要有意识地去寻找创新的源泉，去寻找表明存在进行成功创新机会的情况变化或征兆。他们还需要懂得进行成功的创新的原则并加以运用。"这段话说明了，想要获得更加长远的发展，就必须不断地进行创新，发现新的机遇。

（一）创意开发的特征

创意开发具有以下基本特征。

1. 目的性

人类的创意开发活动是一种有特定目的的生产实践，好的创意一般是有目的性的。这个清晰的特点包括确定创意开发的目标、明确创意开发的观点、安排具体内容等。

2. 新颖性

新颖的东西往往带有创造性，即是独特性、先进性等特征的概括。它的思维特征是"求异"，即与众不同，想人之所未想，发人之所未发。其要领就是突破常规、出人意表。

3. 主观能动性

创意开发活动的主体是人，无论是重大的创造还是一般水平的创作，都是人的主观能动性发挥的结果，是精神变为物质的转化过程。主观能动性是人类特有的，主观能动性在创意开发活动中表现为对创意开发意识运用和创意开发手段的实施等。

（二）创意开发的原理

常见的六大创意开发原理如下。

1. 择优原理

择优源自人的天性，每个人都在潜意识中不断地进行择优。一个人在成长的过程中会不断地择优：选择更好的书籍，选择更好的朋友，选择更好的生活条件，选择更好的学校……在创意开发的过程中，择优也是必不可少的。当人们遇到问题，就要求人们先定义问题，进而围绕这一问题进行创意构思，提出多种解决方案，最后运用择优原理，实施最佳方案。

2. 组合原理

组合，作为名词，是指由几个部分或个体结合成的整体；作为动词，是指组织成整体。在创意开发的过程中，将两种或两种以上的技术思想或物质产品的整体或部分进行适当结合，就可形成新的产品概念，激励出新的创意，不同的组合可以得到不同的结果。

3. 关联原理

人们常常可能因为一个创意的构思而引发对其相似内涵的许多构思的联想。世界上的每一个事物或现象都同其他事物或现象相互联系着，不存在绝对孤立，事物本身的这种关联性是导致激励创造时联想发挥的重要因素。人们在创造开发的过程中，有些关系是直接的，有些是间接的，有些容易发现，有些不容易发现，这就需要进行具体的分析研究。

4. 组合原理

组合，作为名词，是指由几个部分或个体结合成的整体；作为动词，是指组织成整体。在创意开发的过程中，将两种或两种以上的技术思想或物质产品的整体或部分进行适当结合，就可形成新的产品概念，激励出新的创意，不同的组合可以得到不同的结果。

5. 对应原理

从现有的创意和概念的相反方面出发，去构造新的概念和规律，就是创意开发的对应原理。客观事物错综复杂，都有其对立的一面，为对应原理的实现提供了可能性。在创意开发的过程中，运用此原理是为了扩展人们固定思维的范围从而开发出更多的创意。

6. 综合原理

综合原理就是在创意开发的过程中，把研究对象各个层次的种种因素按照其内部联系进行组合结合。首先，把研究的相关问题分解为各个层次和各种因素，并分别加以研究，分析其本质、特征、优势以及劣势，然后将这些要素按其内在联系重新有机地组合起来，形成新的解决方案。

（三）创意开发的活动要素

创意开发同其他社会生产活动一样，涉及多种主客观因素的参与，如创意开发的对象、创意开发的主体和创意开发的手段。想要深入了解创意开发，必须研究创意开发活动的要素和创意开发的环境。创意开发也可以认为是这些要素在一定的社会环境里相互作用、相互联系并不断趋近创意开发目标的过程。

1. 创意开发的对象

由于创意开发活动都具有目的性，所以，创意开发对象是创意开发活动中的一个基本要素。创意开发的对象是指创意开发活动系统中的客观要素，可分为自然客体和社会客体，而确定创意开发对象的意义在于分析整个创意开发过程所要解决的最终问题。人们为了认识和改造这些客体，就会提出新问题，从而将创意开发对象具体化。

在创意开发过程中，首先要运用有关理论对事物进行分析研究，确定工作方向，明确创意开发的对象，做到有的放矢、“对症下药”，这样才有意义，否则就会劳而无功，甚至因“误诊”或“力不从心”而造成不良后果。

2. 创意开发的主体

创意开发的主体指的是产生创意开发行为的主体，即创意开发者。它是创意开发的基本要素，在创意开发活动系统中占主导和支配地位。创意开发的主体可以是一个创意开发者，也可以是多个创意开发者组成的集体。将一个创意开发者的创意开发主体称为创意开发个体，相应的创意开发行为称作个体创意开发行为；多个创意开发个体的集合并产生共同的创造行为，则称之为创造开发群体。

一项创造开发活动究竟需要由个体还是集体来完成，与创意开发研究课题的技术水平、难度、所需经费以及所处环境有关。富有创意开发精神和创意开发能力的创意开发个体，以及具有智力互补和资源优势的创意开发集体，都能在持续的创造性活动中，凭借自己的创造力为社会贡献优秀的创意作品。但无论创意开发者是谁，都应当强调其创造力的充分发挥和应用。

3. 创意开发的手段和环境

创意开发手段是指创意开发主体借以展开创意开发活动的方法和条件，它在创造开发活动中起着重要的作用。不同的创意开发活动具有不同的创意开发手段，例如，创造性思维方法、创造性观察方法、科学实验方法和创造工程技法等“软”创意开发手段；又如开展科学研究和技术开发工作所需的设备、仪表仪器、材料和经费等“硬”创意开发手段。

由于创意开发环境相对于创意开发主体来说是一种外部条件，它对创意开发主体的思维方式和开发手段产生的影响包括正面和负面两方面。作为社会实践活动的创意开发，其主体总是在一定的客观背景下表现自己的创意开发行为，并受到该客观环境背景的影响。这种对创意开发活动产生影响的非创意开发对象客体就是创意开发环境。

因此，创意开发环境对企业的影响是不可忽略的。企业的创意开发应紧跟环境的变化，结合自身条件不断去适应环境，尽可能地利用环境中的有利条件。对于不利条件，要尽量加以影响，使其向有利于自己的方向发展。只要有强烈的创意开发意识和一定的创意开发手段，在任何环境里都能做到有所发现、有所创新。

（四）创意开发的过程

郎加明在其所著的《创新的奥秘》一书中指出："创新——创造新的世界的真正奥秘在于：创新首先是一种由创新者的素质和创新者的思路组成的运行机制，它是一个由创新者的素质转化为创新者的思路，再由创新者的思路转化为创新者的行为的复杂过程。"这句话概括了创意开发的过程，其大概包括创意思路—创意行为—创意结果。通常情况下我们认为，创意开发过程包含创意潜伏期、创意导入期、创意初现期和创意成熟期四个阶段。

1. 创意潜伏期

这一时期的主要任务是积累素材和训练创造性思维。创意开发的素材经常来源于生活之中，在平时就要善于观察生活，注意广泛收集素材，涉猎多方面知识。除了素材的收集，还要注意训练创造性思维，创意最终产生于创造性思维，一个优秀的创意是素材和创造性思维的完美结合。对自身创造性思维的训练，能帮助自己培养发散思维、逆向思维、跳跃式思维、交互式思维等，打破思维定式，只有这样，才能提高一个人的综合素养，从而在进行创意设计时做到游刃有余，信手拈来。

2. 创意导入期

在接到具体的设计任务后，创造思维的开发就进入到第二个阶段，即创意导入期。在创意目标确立以后，创意开发人员需要收集大量的信息，不仅要收集企业内部信息，更重要的是企业外部信息。例如，在为某企业做广告创意设计之前，应该走访相关企业，对其产品及服务本身进行透彻的研究，了解消费者的喜好和需求；也可以从竞争对手发布的广告信息中挖掘竞争对手的策略，这些都是在为下一个阶段做充足的准备。

3．创意初现期

创意初现期即创意的形成时期，也就是在收集、总结的基础上进行交流和思考的阶段。在创意初现期，应该加强训练创意思维，将从创意导入期收集到的信息提炼出创意主题，尝试用不同的方式进行表现。经过创意潜伏期和导入期，头脑中会集聚大量的直接资料与间接资料，也会闪现许多具有创意的“小点子”。这时要做的就是拿起笔来，把他们记下，而不要否定其中任何一个想法。还可以与他人讨论，收集更多的创意方案。常用的创意思维方法有水平思维法、发散思维法、逆向思维法、头脑风暴法等。

4．创意成熟期

进入创业成熟期，应该研究和讨论如何对初步创意进行完善和提高。这一时期是在掌握了大量的信息后，头脑中有了基本的创意构想，初步方案需要进行进一步修改和完善的过程。

四、创意开发的具体方法

美国人查里斯·奇克·汤姆森做过一个测试，位居前 10

位的最佳创意时间是：① 坐在马桶上；② 洗澡或剃胡子时；③ 上下班公车上；④ 快睡着或刚睡醒时；⑤ 参加无聊会议时；⑥ 休闲阅读时；⑦ 进行体育锻炼时；⑧ 半夜醒来时；⑨ 上教堂听布道时；⑩ 从事体力劳动时。

1. 分析法——SWOT 分析方法

创意需要以一定的客观情况为基础，因而在创意开发过程中，应对内外部环境进行分析，以求做出正确的、切实可行的创意，而不致被带入空想的歧途，遭受不必要的损失。目前采用的比较成熟的创意开发分析方法之一是 SWOT 分析方法。

所谓 SWOT 分析，即基于内外部竞争环境和竞争条件下的态势分析，就是将与研究对象密切相关的各种主要内部优势、劣势和外部的机会和威胁等，通过调查列举出来，并依照矩形形式排列，然后用系统分析的思想，把各种因素相互匹配起来加以分析，从中得出一系列相应的结论，而结论通常带有一定的决策性。

S（Strength，优势）和 W（Weakness，劣势）是组织机构的内部因素，分别代表竞争中的强势和弱势因素。优势具体包括：有利的竞争态势；充足的财政来源；良好的企业形象；强大的技术力量；具有较大的规模；优秀的产品质量；较大的市场份额；具有成本优势；广告宣传到位等。与之相对应，劣势具体包括：竞争力差；资金短缺；经营不善；缺少关键技术；产品积压；设备老化；管理混乱；研究开发落后等。

O（Opportunities，机会）和 T（Threat，威胁）是组织机构的外部因素，机会代表对企业有利的因素，威胁代表不利因素。机会具体包括：新产品；新市场；新需求；市场壁垒解除；竞争对手失误等。威胁具体包括：新的竞争对手出现；代替产品增多；市场紧缩；行业政策变化；经济衰退；客户偏好改变；威胁性突发事件等。

SWOT 分析方法具有分析直观、使用简单的优点，是创意开发过程中重要的分析工具。但也正是因为这些特性的存在，使得 SWOT 分析法不可避免地具有精度不够的缺陷。如果只根据此分析结果做出的判断，不免带有一定程度的主观臆断。因此，在运用 SWOT 分析方法罗列分析创意开发环境时，要尽量客观、真实、精确，可提供一定的定量数据弥补 SWOT 定性分析的不足，构造高层定性分析的基础。

2. 协作法——头脑风暴法

头脑风暴法是常用的创意思维策略，人们的熟悉度也最高，又被称为智力激励法、自由思考法。美国创造学家 A. F. 奥斯本（A. F. Osborne）于 1939 年首次提出这种方法，并于 1953 年正式发表。其基本原理是：不局限思考的空间，激励想出越多主意越好；只专心提出构想而不加以评价。创意产生的过程即为创意的收集整理阶段，创意的激发和生成在此阶段同时进行。可见，在创意开发具体方法中，它被归到协作法中，强调的是集体协作，该方法是一种集体的创造性思维，是发散思维的延伸。

为使“头脑风暴”取得成功，一般需注意以下事项：

① 参加人数不宜过多，一般为 6 ~ 10 人。

② 参加者应自由发表意见，提出办法。欢迎与会者各抒己见，营造一种自由、活跃的气氛，激发参加者提出各种想法。任何人对别人的意见或办法均不得做出评价或判断，包括主持者在内，即使想法是荒诞的。

③ 会议应设有专门详细记录所有发言的人。

④ 会议后，几名决策者应另行召集会议，对前一次会议上提出的各种意见、办法加以分析、评估与判断。需要时可查阅前一次会议记录。会议中应注意，不应轻易否定任何人提出的任何要求，因为一些看似怪异、荒诞、可笑的意见中很有可能包含着合理的成分。

⑤ 决策者的责任在于分析比较、综合概括，从各种意见和方法中找到解决难题的最佳办法。

头脑风暴法在各种类型的决策中得到了较广泛的应用。在头脑风暴中，每个人的思维都能得到最大限度的开拓，能有效开阔思路、激发灵感；在最短的时间内批量产生灵感，有大量意想不到的收获；极易操作执行，具有很强的使用价值；提高工作效率，更快、更高效地解决问题。此法还能使参加者更加有责任心，因为人们一般都乐意对自己的主张承担责任。头脑风暴法非常具体地体现了集思广益和团队智慧，也可以有效锻炼 个人及团队的创造力，有利于增加团队的凝聚力，增强团队的合作精神。这种方法也有一定的缺点，实施的成本（时间、费用等）相对较高，对参与者的素质也有较高的要求。

3. 系统法——TRIZ 法

“TRIZ”的含义是发明问题解决理论，它的全称本是俄语，用英语标音可读为“Teoriya Resheniya Izobreatatelskikh Zadatch”，缩写为 TRIZ。该理论基于技术的发展演化规律，研究整个设计与开发过程，揭示创造发明的内在规律和原理，着力于澄清和强调系统中存在的矛盾，获得最终的理想解决方法。创新从最通俗的意义上讲的就是创造性地发现问题和创造性地解决问题的过程，TRIZ 理论的强大作用正在于它为人们创造性的发现问题和解决问题提供了系统的理论和方法工具。实践证明，运用 TRIZ 理论，可大大加快人们创造发明的进程，而且能得到高质量的创新产品。

TRIZ 理论中提供了如何系统分析问题的科学方法，如多屏幕法等；而对于复杂问题的分析，则包含了科学的问题分析建模方法——物场分析法。TRIZ 理论建立在系统论的观点之上，系统之外的高层次系统称之为超系统，系统之内的低层次系统称为子系统。人们所要研究的问题，正在当前发生的系统，通常也称作当前系统，当前系统一般称为系统，系统由多个子系统组成，并通过子系统之间的相互作用实现一定的功能。对于复杂问题，可以利用物场分析法等进行分析，它可以帮助快速确认核心问题，发现根本矛盾所在。针对具体问题的物场模型的不同特征，分别对应有标准的模型进行处理，包括模型的修整、转换、物质与场的添加等。另外，还可以针对技术系统进化演变规律，利用在大量专利分析基础上的 TRIZ 理论的八个基本进化法则，分析、确认当前产品的技术状态，并预测未来的发展趋势，帮助开发出具有竞争力的新产品。

TRIZ 认为，一个问题解决的困难程度取决于对该问题的描述和程式化方法，描述得越清楚，问题的解决方法就越容易找到。TRIZ 中，发明问题求解的过程是对问题不断描述、不断程式化的过程。应用 TRIZ 法解决问题的第一步是对给定的问题进行分析：如果发现存在冲突，则应用原理去解决；如果问题明确但不知道如何解决，则应用效应去解决；第三种选择是对待创新的技术系统，进行进化过程的预测。最后是评价，确定是否满足要求。如果满足要求，则进行后续的设计工作；反之，要对问题进行重新分析。经过这一过程，初始问题最根本的冲突被清楚地暴露出来，能否求解已经很清楚，如果已有的知识能用于该问题则有解，如果已有的知识不能解决该问题则无解，需等待自然科学或技术的进一步发展。

TRIZ 理论以其良好的可操作性、系统性和实用性在全球的创新和创造学研究领域占据着独特的地位。在经历了理论创建与理论体系的内部集成后，TRIZ 理论正处于其自身的进一步完善与发展，以及与其他先进创新理论方法的集成阶段，尤其是已成为最有效的计算机辅助创新技术和创新问题求解的理论与方法基础。相对于传统的创新方法，比如试错法，头脑风暴法等，TRIZ 理论具有鲜明的特点和优势。它成功地揭示了创造发明的内在规律和原理，着力于澄清和强调系统中存在的矛盾，而不是逃避矛盾，其目标是完全解决矛盾，获得最终的理想解决方法，而不是采取折中或者妥协的做法，而且它是基于技术的发展演化规律研究整个设计与开发过程，而不再是随机的行为。实践证明，运用 TRIZ 理论，可大大加快人们创造发明的进程而且能得到高质量的创新产品。它能够帮助我们系统地分析问题情境，快速发现问题本质或者矛盾，它能够准确确定问题探讨方向，不会错过各种可能，而且能够帮助我们突破思维障碍，打破思维定式，以新的视角分析问题，还能根据技术进化规律预测未来发展趋势，帮助我们开发富有竞争力的新产品。

4. 思维法——水平思考法

水平思考法又称为发散式思维法或水平思维法，是英国心理学家爱德华·德·波诺（Edward de Bono）博士所倡导的广告创意思考法。水平思维法是针对垂直思维（逻辑思维）而言的，就是摆脱非此即彼思维方式的思考方法，也是摆脱逻辑思维和线性思维的思考方法。在水平思考中，人们致力于提出不同的看法，每个不同的看法不是互相推导出来的，而是各自独立产生的。

人们将传统思维称为“垂直思维”，在传统思维中，人们常常受逻辑思维和线性思维的局限，按照既定的思维路线进行思考，始终逃脱不了原有的思维框架（又称思维定式）的羁绊，所以人们普遍擅长于分析和判断，无法做到创造性地思考。区别于垂直思维，水平思维不是过多地考虑事物的确定性，而是考虑多种选择的可能性；关心的不是完善旧观点，而是如何提出新观点；不是一味地追求正确性，而是追求丰富性。这种方法的运用一般建立在人的发散性思维之上，故也被称为发散式思维法。

水平思考法能在思考问题时摆脱已有知识和旧的经验约束，冲破常规，这种方法要求我们从多角度、多侧面去观察和思考同一件事，善于捕捉偶然发生的构想，提出富有创造性的见解、观点和方案，从而产生意想不到的“创意”。

【案例 4-1】 柳铁职院学生创新与创意开发实例

想知道自己是不是金子，那就发个光试试看吧

——2019 年自治区级优秀毕业生吕世想的科技创新事迹

在大多数人眼里，也许越过混合动力汽车，直接研发纯电动汽车技术会是一种错误的方向，但是吕世想坚信，未来是由年轻人开创的，利用科技创新弯道超车未尝不可。

高中毕业后，吕世想选择了新能源汽车专业，成为柳铁职院 2016 级新能源汽车技术 02 班的一员，一开始吕世想还只是个“汽车小白”，对汽车的认知还不如一些身边的同学，但因为热爱，他积极探索，课上累计专业知识，学习之余从各大媒体关注未来汽车行业发展最新走向，同时积极参加各类技能竞赛来积累经验，提升专业技能。2017 年他前往北京，学习新能源汽车电控系统检测与动力电池构造原理等知识，正因这次经历，他对新能源汽车产生了浓厚的兴趣，决定要在该领域做出一些自己的科技创新成果。

再次回到学校，吕世想不满足于课堂所学，利用大量课余时间，自学新能源汽车、机械制造等有关知识，听说学校开展科技创新工作室的申报工作后，第一时间以负责人的身份牵头成立汽车技术创新工作室。他善于把握每一次机会，听说山东济南开设了一条光伏高速公路，非常热爱新能源汽车的他立即组织团队成员进行光伏公路的数据研究，发现了光伏公路也存在多个痛点，其中，普通新能源汽车不能与光伏公路配套充电

就是难题之一。

这时吕世想提出：若是能够在车上安装一个与光伏公路相匹配的充电器，是否就能实现汽车与公路相互感应，从而达到给汽车充电的效果？在整合了光伏公路的数据后，吕世想与他的团队仔细计算与研究电磁能量转化数据，并利用学校实验室开始验证自己的想法，经过多次失败与尝试，最终带领学生团队成功研发了“无线充电宝新能源汽车光伏高速充电技术”，解决了普通新能源汽车无法在光伏公路上充电的难题。并成功申请了国家专利证书，2018 年带着“光伏高速充电技术”项目，参加了“互联网+”全国大学生创新创业大赛，并斩获区级银奖。

成功的背后也经历过很多挫折，2019 年，铺设在山东济南的光伏高速公路因为承受不住大货车来回碾压，路面损坏严重，从而不得不停止光伏公路项目。吕世想一时间也陷入了低谷，团队苦心研究的创新成果却因为光伏公路被暂时拆除而功亏一篑。但是吕世想并没有一蹶不振，毕竟办法是人想出来的，他立刻重新召集团队进行下一步研究。有成员提出：“既然没了光伏公路我们项目就等于零，那不如我们自己研发光伏公路吧。”这个想法在别人看来可能是天方夜谭。但是对于吕世想来说，这是点醒思路的好提议。他们重新开始研究，还亲自去了山东济南进行考察，查看光伏公路的建设工程。经过反复考察调研与思考，一个大胆的想法呼之欲出：“新能源汽车无线充电停车位”。

“新能源汽车无线充电停车位”是吕世想所带领的汽车技术创新工作室自主研发，项目包括了“新能源汽车光伏充电板”“新能源汽车光伏充电装置”两个大模块组成，光伏充电板可由太阳能蓄电，蓄电完毕可接通至市电，利用自主研发的“新能源汽车双向充电充电器”实现市电和光伏电之间的双向互通，保证汽车充电电源源源不断的同时还可向城市电网供电。这一项目可谓是充电技术的大突破，不仅满足了新能源汽车无线充电的需求，还能充分利用太阳能供电，既环保又高效。2019年吕世想带着“新能源汽车无线充电停车位项目”参加了柳州市大学生创新创业大赛，获得了某基金会300万的投资意向，投资资金用于升级改造产品，以及试点投放产品等，以便项目快速投入市场。他个人还申报了5项实用新型专利，工作室的多项专利完成了技术转化，正在逐渐产生社会效益。

在多次发明与创造后，吕世想总结了一个结论，创新思维是由日常生活或专业所学所激发的，自己发明的产品必然是自己生活中所面对的问题，例如小小的垃圾桶，日常使用频率最高的手机，以及我们的车辆，等等。而发明一项专利，必不可少的是对该领域专业知识的掌握，从材料到结构，再到功能的实现，这些都是必不可少的，只有足够专业才能发现人们发现不了的小细节。

创新探索，是时代的主题曲，作为当代高职学生，就应在科技创新海洋中探索，努力把专利成果转化，实现自己的人生价值。

第三节 高职院校学生创业实践

“祖国的青年一代有理想、有追求、有担当，实现中华民族伟大复兴就有源源不断的青春力量。”习近平总书记给第三届中国“互联网+”大学生创新创业大赛“青年红色筑梦之旅”的大学生的回信，在广大青年学子中引起强烈反响。同时充分体现以习近平同志为核心的党中央对大学生创新创业教育工作的高度重视和对青年的亲切关怀。中共中央政治局常委、国务院总理李克强对首届中国“互联网+”大学生创新创业大赛总决赛作出重要批示：大学生是实施创新驱动发展战略和推进大众创业、万众创新的生力军，既要认真扎实学习、掌握更多知识，也要投身创新创业、提高实践能力。中国“互联网+”大学生创新创业大赛，紧扣国家发展战略，是促进学生全面发展的重要平台，也是推动产学研用结合的关键纽带。教育部门和广大教育工作者要认真贯彻国家决策部署，积极开展教学改革探索，把创新创业教育融入人才培养，切实增强学生的创业意识、创新精神和创造能力，厚植大众创业、万众创新土壤，为建设创新型国家提供源源不断的人才智力支撑。

着力加强和深化高校创新创业教育改革工作，是全面落实“立德树人”根本任务的体现，是事关国家创新驱动发展战略、高等学校教育综合改革和毕业生就业创业质量的系统工程，意义十分重大。高职学生积极参加创新创业教育活动，重在培养创新创业意识、创新创业精神和创新创业能力，为走向社会就业创业打下坚实基础。

多年来，柳铁职院着力推动创新创业教育活动，通过开设“创业基础与就业指导”课程、组建创新创业导师团队、举办创新创业夏令营、成立创新创业社团、组织丰富多彩的学生创业实践活动、重点项目入驻学校高职学生创新创业中心孵化、表彰创新创业先进团队及个人等活动，营造了良好的创业创新氛围，有效地培养了学生的创新创业意识以及创业能力，在创业实践中涌现一批优秀代表和先进典型，发挥了引领和示范作用。

（一）通过思想政治教育培养学生的创业意识和创业精神

思想政治教育思想政治教育课作为高职学生思想政治教育的主阵地、主课堂、主渠道，对学生思想塑造和引导发挥了重要作用，柳铁职院通过“思想道德修养与法律基础”、“形势与政策”、新生入学教育、专业介绍、讲座等思想政治教育课程传授创新创业对个人、家庭、区域经济以及国家强盛的重要意义，从思想觉悟的高度，从个人发展的需要和时代发展的呼唤等角度，对大学一年级新生进行创业启蒙教育。学校各级党团组织在开展政治学习的同时，重点解读国家对高职学生创新创业的政策和举措，增强学生党员、团员对创业的理性认识。同时辅导员通过主题班会等形式，向一般学生普及，讲解往届学生的成功创业事迹，为学生树立身边的榜样。教师在与学生接触、交流的过程中，发现对创业具有浓厚兴趣的学生，重点关注，用心进行思想引导。

（二）通过专业课程教育强化学生的创业意识和创业精神

就业是民生之本、财富之源，为进一步把大众创业、万众创新引向深入，柳铁职院系统开设“创业基础与就业指导”课程，加强创业教育，激发学生创业活力，培养学生创业意识，使其树立起良好的择业观、就业观、创业观，强化学生创业的内生动力。

（三）通过第二、第三课堂激发学生的创业意识和创业精神

柳铁职院以第二、第三课堂的形式，通过开展高职学生创业计划大赛、校内外成功创业人士专题讲座、创业社团、学生创业论坛等丰富多彩的活动，增加学生的创业体验，有效增进学生对创业的认识和深入了解。同时，还组织学生进行成功创业人士经验访谈、参观知名创业型企业、到创业型企业进行锻炼等暑期社会实践活动，增强学生对创业的感性及理性认知，激发其创业意识和创业精神。

（四）实施创业实践跟踪与扶持

从事创业实践活动的高职学生，普遍存在着知识、技能、

经验欠缺或管理水平有待提高等问题。高职院校应对学生从事创业实践活动予以跟踪和指导，针对创业学生存在的主要问题，通过建立由创业教育教师、管理专业教师和其他专业教师组成的创业指导、服务教师团队，对在校学生或毕业生正在从事的创业项目，从中选择几个发展前景较好的，予以重点跟踪及扶持，进行一对一指导、帮扶，为其解决创业过程中尤其是创业初期遇到的决策、法律、财务、营销、风险控制、设备故障、生产技术等常见问题,同时对学生创业型经济实体的规章制度、运营模式、员工培训、经营成本核算、顾客开发与维护等重要的经营管理内容予以把关，促其早日走上正轨，实现成功创业的目标。对于一些在创业过程中受挫的学生，还要及时予以思想、心理疏导，帮助他们发现问题，找出原因，提出具体的改进措施，引导他们稳定情绪、调整心态，做出恰当的决策，克服存在的困难，避免新创经济实体因应对种种意外变故不力而被迫解体，最终导致创业失败的局面。对于一些发展前景好，示范效应强，但运营资金不足的项目，需要进行资金扶持，努力将重点跟踪与扶持的项目做大、做强。对于一般性项目，也需要派人予以跟踪与指导，鼓励学生坚定创业信心，力所能及地帮助他们解决经营过程中出现的主要问题，从而大幅提高高职院校学生创业成功率。

（五）完善创业实践评价

多数高职院校较为重视学生创业项目的遴选以及遴选后

的启动工作，项目运作之后，关注的程度却逐步下降，对创业项目的考核则很少进行，虎头蛇尾，存在着创业评价缺失的现象。对学生创业实践的成效进行客观评价，可以反思创业教育的效果，对不断完善高职院校创业教育体系，尤其是建立健全高职学生创业实践和评价体系具有重要作用。对学生创业项目，尤其是在学校创业基地进行创业的项目，依据具体指标体系进行评价，得出优、良、中、差的等级，对于取得优秀等级的，予以一定的物质和精神奖励，并继续享受学校规定的各项扶持政策；对于获得良好和中等等级的，继续享受学校规定的各项扶持政策；对于等级为差的项目，则责令创业学生限期整改，整改后评价等级仍为差的,若是利用学校创业基地进行的项目，则责令其按照学校的有关规定退出经营活动，不是利用学校创业基地进行创业的项目，创业者终止享受学校规定的各项扶持政策。学生创业实践评价指标体系应以创业项目的经济效益、诚信经营、示范带动效应为主要权重，同时需将创业学生每学期的考试成绩纳入指标体系，以防少数学生只从事创业实践活动而忽视正常的学习。

（六）做好成功创业项目示范工作

对于在校学生创业成功的案例，高职院校可通过整理学生创业的动机、决定创业的主要影响因素、创业的优势、创业过程中尤其是创业初期遇到的困难及解决的方法，创业经济实体的介绍等文字及图像资料，或通过访谈的形式整理成完整的视频资料，形成全面、完整的学生成功创业记载。在此基础上，将那些创业特色明显、创业成效显著、具有一定影响力和声誉的创业项目树立为在校学生成功创业的典型，在创业教育的过程中择优作为案例予以讲解，对于学生创办的经济实体，也可作为接受创业教育的学生参观、考察的对象。对于毕业生中业已成功创业并具有一定影响力的，高职院校也需予以跟踪，总结成功创业的基本经验，树立为成功创业的典型。对于这些典型，可以邀请创业者作为创业讲座的主讲人，或创业社团的访谈对象以及实践经验学习的对象，也可以通过校园橱窗或校园创业教育专题网站进行展示，在条件成熟的情况下，还可以拍摄成微电影。通过各种手段，尤其是新媒体手段在学生中予以宣传，为在校学生树立成功创业的榜样，营造浓郁的创业氛围，使其学习到更多的创业的间接经验，推动其参与创业实践活动，从而实现创业典型的示范和辐射效应。

【案例 4-2】 柳铁职院学生创业实例

从参加创新创业大赛到梦想起航

2018 年 11 月 8 日，在第七届柳州市青年创新创业大赛决赛上，柳铁职院铁道信号自动控制专业 17 级 51 班李琦的“铁路智慧云学习平台”团队作为近 300 支参赛队伍之一，从校赛开始就一路过关斩将，最终勇夺柳州市青年创新创业大赛金奖，展示出了柳铁学子将所学专业融入创新创业项目的激昂风采，团队成员的辛苦付出，都在这一刻化作了胜利的果实，“勇立时代潮头敢闯会创”的声音回响在每一个“铁路智慧云学习平台”团队成员的心头。

2018年3月，李琦带领他的小伙伴们成立了“铁路智慧云学习平台”项目团队，入驻了柳铁职院的大学生创新创业孵化基地，从此，那里便成了他们的根据地。他的团队通过研究发现，目前铁路相关企业已经充分意识到在职员工人才培养与技能培训的重要性，每年针对人才培养与技能培训的经费通常占到全年工资支出的1.5%~2.5%。然而尽管投入大量的资金在培训上，效果并不如预期中的那般尽如人意。常常是培训时效果不错，持续时间却不长。资金和时间都投入了却并没有沉淀下属于企业的价值资产。

经过前期充分的市场调研，团队打造出了一款属于铁路专业学习培训的软件——铁路智慧云学习App，该软件是一款专门为高铁院校学生、铁路企业员工进行系统知识学习、铁路故障咨询、设备参数查询等服务的铁路知识学习平台。系统利用互联网技术创新性，将铁路的相关知识与云技术相结合。软件系统应用安装在智能手机、平板电脑等智能设备上，方便用户实时学习和知识的查询，产品通过手机等智能设备可以在线模拟铁路硬件设施的操作，同时增加了语言识别功能，拥有中、英、泰等多语种翻译，方便外国学子使用。“铁路智慧云学习平台”将知识输出、专家师资与信息系统相结合，为企业人才培养和技能培训降本增效。目前系统软件部分技术已获国家发明专利，并且有多项发明专利正在申请。

2018年11月、2019年7月，李琦的创业事迹作为大学生创新创业典型事迹曾先后被《柳州日报》独家报道。2019 年 4 月 2 日，广西英腾教育科技股份有限公司负责人联系到项目团队，双方本着“优势互补、资源共享、合作共赢、共同发展”的原则签署战略合作协议,共同建设“铁路智慧云学习工作室”，联合开发铁路类培训项软件。英腾教育为中国高科集团旗下子公司，是一家专注于教育领域的互联网龙头企业，青创团队依托于柳铁职院雄厚的师资力量以及行业优势，双方目标是：在目前市场上还未有一款专注铁路行业培训学习的产品出现的情况下率先占领市场，把产品推向全国市场。

2019 年 6 月，为了更好发展，李琦作为联合创始人正式注册成立柳州市沧海科技有限公司，继续秉持着服务好个人、企业和社会的目标，通过对铁路职业培训市场资源与企业需求的再挖掘，实现信息互通共享，打通个人职业培训与企业需求两端，并且充分发挥社会职教资源的作用，通过科学合理的服务内容与信息交换模式，打造一个系统的铁路相关职业在线培训体系，创建品牌。

从勇夺柳州市青年创新创业大赛金奖到成立自己的公司，再到最后获得社会资本的认可，项目负责人李琦说：“正是因为通过一次次比赛的锻炼，不断积累经验、不断打磨自己的项目、听取行业内专家建议及吸取同类项目的优秀经验，才有了今天的成果。”他引用第五届“互联网+”大学生创新创业大赛的口号“勇立时代潮头，敢闯会创”作为寄语，希望学弟学妹在创新创业的过程中能走出学校，调研社会需求，真正做一些从大众角度出发，服务于社会的好项目。

【案例 4-3】 柳铁职院学生创业实例

知识改变命运，技能成就人生

——记柳铁职院 2018 届优秀毕业生潘创与他的团队

大一开始参加广西职业院校学生技能大赛并荣获一等奖，大二到创新创业学院申报创新项目孵化，大三去科技公司实习，毕业后成立柳州飔束科技有限公司并成为法人代表、总经理……这就是柳铁学子潘创的创业之路，他从积极学习技术、参加专业比赛到成功创业，带领着同门学弟，创办了从事信息平台运营维护、云平台开发服务、虚拟机维护服务、软件开发服务、客户培训、提供各种解决方案的外包服务业务的科技公司——柳州飔束科技有限公司。他的成长和成功证明了一条真理：知识改变命运，技能成就人生。

天道酬勤——一个“勤”字为他创业打下了坚实的基础

潘创，男，柳铁职院 2015 级电脑艺术专业学生，大学时候的他，是一个并不出众的学生。谁也不会想到这样一个小伙子，在大学毕业第一年就成功地创办了自己的第一家公司。

刚进入大学时，他就规划好自己的职业生涯道路，并为此努力学习，开拓人脉。他深知，创业不是易事，不但需要扎实的理论知识，更需要丰富的实践经验。2017 年 9 月，潘创带着创业的激情，开始了成立公司前的顶岗实习。他们到了一家从事云平台开发服务、虚拟机维护服务、软件开发服务、客户培训，提供与咨询各种解决方案等业务的高科技公司，潘创的职位是技术员，主要进行软件开发与测试。这时的潘创对自己有着清醒的认识：刚从学校出来，一切都是陌生的，很多知识需要在工作中学习。他边工作边学习，遇到不懂的就马上去找资料，主要学软件的开发与服务器运维，不断在工作中积累经验。经过一年努力，潘创已经能够较好地完成公司交下来的各项任务，学会了整套项目开发的流程。就是这样，他带着自己的梦想，回到母校，申请入驻学校大学生创新创业中心，开始一步一个脚印地向前勇敢迈进。

坚持不懈——困难面前与团队一起共进退

2018 年 1 月，潘创与他的学弟们的创业梦想变成了现实。柳州飓束软件有限公司由潘创创办，核心成员由同为柳铁职院学子的师弟们组成，是一家致力于软件开发、系统定制、网站服务、互联网信息处理与推广的“高职生公司”。

公司成立之初，由于团队成员大多数是同学甚至自己的舍友，大家都是新手，市场经验不足，以致公司开业后开展业务并不顺利，得不到收入，发不出工资，各种问题接踵而来，公司生存如同被藏在繁枝大叶下的小花，没有阳光与色彩。但是，潘创从未想过放弃，为了自己的梦想，他对自己的团队说过这样一句话：“就算不给自己发工资，也不能苦了我的团队。”成立公司初期，潘创从零开始细心指导每一个团队成员，他明白一个道理，光靠自己一个人的能力只能接一些小单子，为了将来做考虑，只能坚持不懈与团队一起共进退，在荆棘丛生之中劈开属于自己的一条路。在那段时间里，有过痛苦，有过心酸，当接到了第一个单子，整个团队欣喜若狂，当团队拿到第一笔项目款，潘创第一件事就是请整个团队吃了大餐，犒劳自己的团队成员并发出了第一笔工资，而他自己却没给自己发一分钱。渐渐地，团队磨合越来越好，公司开始渐入佳境。

凝聚力量——“团队精神”成就了高职学子的创业梦想

凭借优质的服务、可靠的产品、良好的售后服务及诚信做事、精益求精的经营理念，公司获得了众多客户及同行的信赖与认可。公司已先后与柳铁职院、因锐信息技术（上海）有限公司、广西博达软件股份有限公司、桂林佳音国际旅行社有限公司等单位达成战略合作。

目前公司主要开发系统有：柳铁移动页面生成系统、柳铁就业信息填报系统、APTIV（江苏）加班申请审批管理系统、桂林佳音国际旅行社佳音业务系统、化学品库存管理系统、飓束电商平台、锐之目销售管理系统、宏博课程收费系统。

短短的两年，从就业到创业，潘创他们用自己的实力证明：只要不放弃，肯努力，敢拼搏，高职生不仅能成为企业的优秀员工，也能创办自己的具有高科技含量的公司。他的创业案例也是学校普及创新创业教育，建立健全课堂教学、合作共建、企业实践、指导帮扶、文化引领融为一体的创新创业教育体系的一个缩影。

第四节　以大赛为依托的实践赛事

一、高职学生参加创新创业大赛的目的和意义

高职学生参加课外科技创新活动和创新创业教育的目的是培养高职学生创新思维和意识、创业精神和创新创业能力。高职学生参加各级各类创新创业大赛的意义，就是把这些精

神、意识和能力与实践相结合，然后去做，去拼搏，去实现梦想或创意的过程。作为在校学生，不管是失败还是阶段性的成功，都能有所收获，有所成长。不懈奋斗，尽可能坚持，不轻言放弃，每个团队队员都将可能得到最大的历练和提升。特别是高职学生参加中国“互联网+”大学生创新创业大赛、共青团系统的“挑战杯”等创新创业类大赛，不仅可以提升高职学生的团队合作意识和沟通协调能力、演讲口才水平、科技创新研发能力、资源整合能力，还可以提高高职学生的社会实践和创业能力，促进高职学生全方位的提升和发展。

在过往“互联网+”大学生创新创业大赛中，出现了像柳铁职院的潘创等学生创办和拟创办的优秀项目。他们的梦想、情怀和为之付出的艰苦努力以及以后的成长空间，都成了有梦想的青年学生追求的榜样，成了他们踊跃参与各类创新创业大赛的精神动力。

二、各类赛事项目简介

结合近年来柳铁职院的实际情况，可以总结出以下几类学生参加的赛事项目。

（一）高职学生自发创新创业项目

高职学生可根据自身专业知识，根据自身熟悉的生活学习环境相关，结合市场需求，通过调查，自行研发，充分使用“互联网+”的功能，开发符合生活服务方面的创新创业项目。“51微校”共享平台项目是柳铁职院2017届毕业生旅游管理专业学生何广钊和信息学院周至驰的自发创新创业项目，该项目在第三届中国“互联网+”大学生创新创业大赛广西赛区比赛中荣获银奖。

该项目在互联网的基础上，利用微信公众号平台，由学生组建的技术团队精心研发。通过开通代领代寄快递、游戏陪练、叫我起床、电脑维修、通用任务（任务可自行编辑）等服务，以快递物流服务为切入点，通过高职学生在平台自主发布需求和抢单服务，解决了校园“最后一公里”的配送问题，使他们的需求得到最大化的解决，方便高职学生的校园生活服务，使各位学生足不出户就能享受到平台带来的便捷与优质的服务。

（二）产教融合协同创新创业项目

产教融合协同的创新创业项目依靠教师科研成果，结合学校行业背景和专业特色，并根据行业实际需求，联合企业共同开发。“慧眼铁路无线辅助调车作业系统”是以信息学院李老师为技术研发负责人，带领学生团队，联合铁路某车站、柳州某航天公司等企业协同研发的项目，该项目在第四届中国“互联网+”大学生创新创业大赛广西赛区比赛中荣获金奖。

行车安全是铁路工作的重中之重，铁路调车作业往往要在移动的列车中进行，是比较危险的一个工种。调车作业是调车员按照调度人员的安排，将需要解体、编组的列车进行瞭望、摘钩、连挂等工作，以完成摘挂、转场、整场、调移、取送车辆以及机车的对位、转线、出入段等工作。

慧眼铁路无线辅助调车作业系统，采用军工企业的激光雷达及高清红外成像技术，实现在任何恶劣天气中列车前方路况的准确监控，结合电信运营商的无线广域网和云计算技术实现视频数据的上传、接收、存储及管理，调车员接收云端的视频信号及人工智能分析的障碍物告警信号，完成调车工作，调度员及车站管理人员则通过后期的大数据分析，识别调车员的作业标准化、发现精神注意力等问题。在保证运输安全的前提下，减少作业人员，提高作业准确度，并进一步预防调车事故发生。

另外还有紧紧结合学校专业特色，柳铁职院师生的创新项目“基于单片机的模型列车控制器”，是在指导老师带领下，学生参与研发的项目，并获得第三届中国“互联网+”大学生创新创业大赛广西赛区比赛金奖。

该项目设计了一款基于单片机的模型列车控制器，该控制器能够控制基于 DCC 标准协议的模型列车运动控制和音效管理。系统由主控 CPU、DCC 信号发生器、功率放大器、蓝牙通信模块及上位手机 App 等几部分组成。上位手机 App 作为整个系统的控制端，与单片机之间通过无线通信模块建立连接，采用基于 MODBUS 协议的通信方式完成数据传输，单片机接收到指令后控制 DCC 信号发生器产生需要的 DCC 信号，并经过功率放大模块放大后加载在钢轨上，以驱动模型列车、道岔控制及信号机点灯控制等操作，目前已完成控制系统的软硬结构的搭建，可以实现对模型机车的运动控制（走、停、加速、减速、反向）及音效管理等，经实验测试，整个系统运行稳定、性能可靠，并且价格低廉，有很高的市场推广价值。

（三）“一带一路”创新创业项目

柳铁职院与泰国东北皇家理工大学合作举办的“泰中轨道交通学院”在泰国举行揭牌仪式，标志着中国首家海外轨道交通学院正式成立。这是中泰两国职业教育合作结下的又一丰硕成果。柳铁职院将通过“师资+实训+教学方案+文化”一站式解决方案，实现中国职教、中国高铁技术、中国文化一体化输出，解决泰国本地化铁路人才缺失的问题，满足泰国经济社会发展的迫切需求。“基于无线遥控的相敏轨道电路智能职教装备”就是这时候进驻了泰国，同时该项目参加 2018 年广西首届中华职业教育创新创业大赛并获得金奖。

该项目响应中国高铁“走出去”战略，充分利用广西在“一带一路”倡议中的定位，结合东盟国家产业发展和职业教育现状，大力推动轨道交通职业教育国际化项目的实施。该项目可以为国外师资培训及学生实训提供平台和演练场。其中，柳铁职院与泰国教育部已连续合作开展了六期泰国轨道交通师资培训班，与泰国十多个高校建立了合作关系，为职教装备拓展海外市场提供了可能性。2018 年 4 月，柳铁职院已向泰国合作院校赠送了 2 套此系列产品。

（四）“互联网+”特色专业创新创业项目

基于“互联网+”的技术创新与应用创新非常之多，范围之广，包括一些家族产业、农产品（农业）等，也包括电子商务平台，总之，该类项目实施的门槛不高，可大大激发高职学生创新创业的热情，可为高职学生提供创新创业机会。例如柳铁职院创新创业项目“高铁智慧通”，就是一款专门为高铁院校学生、铁路企业员工进行系统知识学习、铁路故障咨询、设备参数查询等服务的App学习软件。系统利用互联网技术创新性，将铁路的相关知识与云技术相结合，设计一款铁路知识学习培训系统。软件系统应用安装在智能手机、平板电脑等智能设备上，方便用户实时学习和知识的查询。高铁智慧通有语音识别功能，同时有中文、泰文、英语等各国语音，方便外国学子在使用时，不会因为语言不通而无法使用，同时还可以进行语言学习。客户可以根据需要选择相应的模块进行学习。该项目荣获 2018 年柳州市青年创新创业大赛创意组第一名。通过技术创新，顺利进入 2019 年中国铁路南宁局集团公司青创比赛总决赛。

第五章

高职院校学生生产实习和顶岗实习实践

第一节　高职院校学生生产实习和顶岗实习实践的背景和意义

高职学生参加生产实习和顶岗实习实践是其在此学习阶段重要的实践性教学环节，是理论与实践相结合的重要方式，是提高学生政治思想水平、业务素质和动手能力的重要环节，对培养有理想、有道德、有文化、有纪律的、德才兼备的高端技术技能型人才有着十分重要的意义。

一、开展高职院校学生生产实习和顶岗实习实践的背景

加强高职学生实践能力、创新精神和社会责任感的培养，是提高其人才质量的重要内容，实习是高职院校实践教育的重要环节之一，是人才培养的重要组成部分，是学生了解社会、接触生产实际，获取、掌握生产现场相关知识的重要途径，在培养学生实践能力、创新精神，树立事业心、责任感等方面有着重要作用。在高职院校中，作为培养学生岗位职业能力和职业素质的重要手段和制度设计，学生到用人单位进行顶岗实习已纳入了学校人才培养的教学计划，同时也为顶岗实习学生实现实习就业一体化提供了可靠的制度保障。

高职学生通过实习实践深入基层和企业单位，了解当前专

业发展方向和产业发展现状,可加深理解并巩固所学专业知识,进一步提高认识问题、分析问题、解决问题的能力,为今后走向社会,自主就业创业做好思想准备和业务准备。

二、高职学生参加生产实习的意义

1. 贯彻理论联系实际原则的好方法

学生以实际工作者的身份,直接参与生产过程,既可运用已有的知识技能完成一定的生产任务,又可学习实际生产技术知识或管理知识,掌握生产技能,培养管理能力,并且通过实习巩固、丰富与提高理论知识。

2. 对学生进行思想政治和道德品质教育的有效途径

在生产实习中,可以对学生进行劳动观点、爱护公共财物、组织性纪律性、职业道德等方面的具体教育。

3. 检验教学质量的重要手段

通过生产实习,可以对学生专业知识、技能的实际水平,为社会主义建设服务的专业思想,社会主义劳动纪律与职业道德,以及教师的教学效果和思想工作,进行一次综合性的社会检验。

三、高职学生参加顶岗实习的意义

1. 提升学生的在校学习能力

顶岗实习可帮助学生在校学习时拓展学习方法、开阔视野。大部分学生经历了顶岗实习后,认同顶岗过程对学业生涯的帮助,从中获得了理论与实践有效结合的经验。顶岗实习锻炼了学生自身素质，使其综合能力得到提高，也让学生对未来职业的选择有了较深的认识。学生的学习、组织管理、沟通表达能力都得以进一步发展。

2. 促进学生就业意愿的确立

顶岗实习有利于确立高职学生就业意愿，在择业和就业中提前获得经验积累。顶岗实习在学生的职业认同中发挥了重要的优势，有的学生通过顶岗实习确立了自己成为老师的决心，而且大多数后来也的确成了老师。通过顶岗实习，学生们会明确要走某条职业道路的决心，为职业生涯做好重要的抉择。并且，学生在求职过程中，因为已有顶岗实习积累的经验，在表达意愿、展示能力时能够发挥得更加充分，更容易与招聘单位达成一致意见。

3. 帮助学生尽早适应职业角色

顶岗实习有利于学生就业后尽快进入职业角色，处理应对复杂的工作事务。顶岗实习类似以赛代练的效果，给予学生实战感，就像进入职场后的实际演练。对于实践经验较少的学生来讲，这是非常宝贵的机会，也正是由于这份机会，学生在后来真正融入职业的时候，能更早、更好地运用其能力，在岗位上拔得头筹并持久发力，对工作的满意程度也会较高。

第二节　生产实习案例

生产实习学生：柳铁职院汽车学院机械制造及自动化专业、汽车检测与维修专业。

生产实习地点：宁德时代新能源科技有限公司。

生产实习时间：2018 年 12 月至 2019 年 6 月。

一、企业概况

宁德时代新能源科技有限公司（简称宁德时代）成立于 2011 年，总部位于福建省宁德市，主营业务新能源汽车动力电池系统、储能系统的研发、生产和销售，致力于全球新能源应用提供一流解决方案。目前，已在国内外成立了众多子公司。宁德时代迎来了黄金发展期，是一个在行业领先的朝阳企业，公司正在快速发展中，每年招聘高职毕业生约 5000 人，也为柳铁职院毕业生提供了就业机遇。

宁德时代生产汽车锂电池，其生产线基本是智能化设备，广泛采用机器视觉、传感器等，减少复杂工序对人为判断的依赖性，自动剔除不合格产品，同时对采集的数据进行 SPC 分析，找出质量问题的原因。生产车间实现信息化，通过物联系统对生产数据进行监控、采集、分析、处理，利用大数据实现统计、测评及管理，全程可追溯 10 年。投资数十亿元建立的自动化柔性生产线，广泛应用工业机器人、AGV、RGV 等，提高生产效率，并保证产品的一致性，同时保证生产的柔性，在工序设备间建立产品缓冲，满足客户的个性化需求，真正实现定制化生产服务。

二、学院专业现状分析

柳铁职院机械制造、汽车检测与维修类专业主要面向汽车及零部件制造、装备制造、金属深加工、轨道交通装备制造等行业企业，培养适应数控机床操作工、机床装调维修工、数控工艺员、生产班长、工段长、产品质量检验员等职业岗位的高素质技能型人才。简单地说，就是培养两方面的人才，一方面是操作数控设备的数控加工类人才；另一方面是培养数控设备维护维修类人才。他们进一步发展可以成为程序员、工艺工装设计员、车间技术管理人员、生产主管等。目前，在数控加工工作岗位上的比较少，在维护维修数控设备、机电一体化设备、智能设备等工作岗位的人比较多，这些设备和人员分散在轨道交通、汽车制造企业、其他制造企业等。

在规模化的大企业里的高职毕业生，大多从事设备维护维修、调试等工作岗位，薪资待遇及福利相对较好，学生愿意去就业。除了需要核心技术和设备的零部件加工，大企业的其他零配件加工基本都外包给小企业，所以小企业需要数控加工岗位的人才，但小企业薪资待遇、工作环境及福利都比较差，很少有高职毕业生愿意去，造成毕业生对口率不高的问题。

三、生产实习情况

2018 年 12 月至 2019 年 6 月，柳铁职院汽车技术学院教学计划安排于近 30 名学生到宁德时代开展专业生产实习教学，主要岗位是设备开发部的操作员，主要负责前工序设备调试生产，有的学生专门跟进极耳激光模切项目、有的学生负责跟进极片冷压与预分切工序。平时工作中跟进设备调试，与其他部门沟通，协调供应商对设备问题的解决，对调试中出现的问题进行记录并及时提出对应的解决方案。其工作流程基本是这样的：项目组接下项目，由 IE（厂房工程部门）推动 MDE/ME（设备开发部门）对项目执行，完成对设备的投产，达成产能交付客户。

四、实习收获

经过为期六个月的生产实习，学生对本专业就业面向行业企业及相关工作岗位的工作内容、工作环境、专业知识和技能要求等多方面均有了较全面和深入的了解与感受。学生认为，工作中沟通、协调、组织能力非常重要，一方面，要能准确表达和记录调试中出现的问题，另一方面，要把存在的问题和解决方案准确的传递给设备供应商，以便问题得到及时有效的解决。工作中要有机械结构、机械传动知识，要读懂电路图、掌握自动化控制等方面的基础知识，常用到二维、三维绘图软件，如 AutoCAD 等。

另外，通过生产实习，学生也了解到相关行业企业毕业的薪资待遇，为择业、就业及职业发展提供了较充分的路径选择及心理准备。

五、存在问题及反思

第一，毕业生就业在加工方向对口率不高。目前柳铁职院机电、汽车专业只能培养中低端数控设备应用技术人才，行业低端岗位对学生没有吸引力，工作辛苦待遇不高，造成毕业生就业对口率不高。但在设备维护维修、调试等工作岗位上学生对口率高，并且就业行业广泛。

第二，缺少培养适应高端装备制造业的高端技能人才的能力。高端装备制造业是以高新技术为引领，处于价值链高端和产业链核心环节，对高端数控技术人才的要求，其核心竞争力是“具有创新能力、信息技术应用能力”，而这两方面都是柳铁职院数控技术专业的短板。

第三，现时的专业建设和学生职业技能培养与《中国制造2025》背景下对技术人才的要求差距巨大。《中国制造 2025》环境下的现代制造业的突出特点就是生产的智能化及其对人才素质的复合化与高素质要求。现代制造业智能型、绿色型和高端型的突出特点要求现代“制造人”不再是任凭别人指挥的“工具”，而是一个充满自主创新意识、聪颖智慧和伦理关照的卓越型人才。

第三节　顶岗实习案例

顶岗实习学生：柳铁职院铁道交通运营管理、高速铁路客运乘务、铁道机车、铁道车辆、铁道工程技术等铁路相关专业。

顶岗实习地点：中国铁路南宁局集团有限公司南宁客运段。

顶岗实习岗位：旅客列车（含动车组列车）乘务员（列车员）。

顶岗实习时间：每年 12 月至次年 3 月。

一、精心组织，完善方案，充分做好春运顶岗实习保障工作

旅客列车（含动车组列车）乘务员（列车员）岗位的顶岗

实习是柳铁职院铁路相关专业教学计划中不可或缺的内容，为确保该项工作的顺利开展，由学校教务处牵头组织，在与中国铁路南宁局集团有限公司相关部门充分沟通后，根据客运部门在需要，原则上安排全校已与南宁铁路局签订毕业生就业协议的相关铁路专业学生在每年铁路春运期间到列车员岗位进行顶岗实习，在实习人数、时间及带队指导老师等方面做详细的安排。

二、校企合作，联合培训，确保上岗前应知就会

为确保学生上岗前掌握岗位相关知识与技能，达到上岗要求，学校与客运段职教科联合制定培训方案，采用师徒结对、岗前培训、岗中集中指导等多种方式强化春运顶岗实习学生对于铁路文化的认同和铁路客运服务意识的熏陶，让学生得以在经验丰富的师傅带领下迅速熟悉岗位职责，明确日常工作内容，尽快投身到春运顶岗实习工作中去，由学校相关专业教师与企业教员对学生共同岗前培训，经考核合格后方能上岗。相关培训内容及考核内容见表 5-1 及表 5-2。

三、校企协同，强化管理，确保顶岗实习高质量

一是由客运段根据实际工作需要将学生分配到各车队，签订“师徒教学合同”（表 5-3），每个学生都由同班组的职工以师带徒的形式一人一岗安排到具体岗位开展工作，确保学生在实习中真学、真做，学到真知识、练就真本领。

二是由学校安排指导教师对下班后的学生统一进行管理，具体到每次交接班的点名和白天上下班的交通安全、夜间下班后的住宿监管等各个环节，确保学生常规管理全覆盖。

表 5-1　铁路客运乘务员顶岗实习岗位培训课程表（节选）

日期	上课时间	培训类别	培训科目	培训目的	培训内容	培训形式	课时	授课人
12月2日（周一）	8：30—9：00	开班			开班各项要求			学校、段领导
12月2日（周一）	9：00—12：00	理论	《铁路乘车证管理办法》相关知识	了解铁路乘车证种类及使用相关知识	1. 铁路乘车证种类及使用相关知识 2. 特种乘车证种类及使用相关知识	脱产	4	尹×
12月2日（周一）	14：30—16：10	理论	铁路客运概述	了解中国铁路客运概况及旅客运输管理体制概况	1. 中国铁路客运概况 2. 中国铁路旅客运输管理体制概况	脱产	2	尹×
12月2日（周一）	16：20—17：30	综合	法律法规	掌握相关的法律法规，遵守各项法律法规	1.《中华人民共和国合同法》相关知识 2.《中华人民共和国劳动法》相关知识 3.《中华人民共和国侵权责任法》相关知识 4.《中华人民共和国安全生产法》相关知识	脱产	2	陈×

续表

日期	上课时间	培训类别	培训科目	培训目的	培训内容	培训形式	课时	授课人
12月2日（周一）	16：20—17：30	综合	法律法规	掌握相关的法律法规，遵守各项法律法规	5.《中华人民共和国食品安全法》相关知识 6.《中华人民共和国铁路法》相关知识 7.《铁路安全管理条例》有关规定 8.《铁路交通事故应急救援和调查处理条例》有关规定 9.《铁路旅客人身伤害及携带品损失处理暂行办法》有关规定	脱产	2	陈×
12月3日（周二）	9：00—12：00，14：30—17：30	理论	客车设备设施相关知识	掌握客车设备设施基本操作规范和注意事项	客车基本设备设施基本操作规范及注意事项	脱产	8	职教科
12月4日（周三）	9：00—12：00，14：30—17：30	安全	劳动安全	掌握《铁路劳动安全培训规范》的规定	《铁路劳动安全》培训教材的相关内容	脱产	8	安全科

续表

日期	上课时间	培训类别	培训科目	培训目的	培训内容	培训形式	课时	授课人
12月5日（周四）	9：00—12：00，14：30—17：30	安全	劳动安全	掌握《铁路劳动安全培训规范》的规定	《铁路劳动安全》培训教材的相关内容	脱产	8	安全科
12月6日（周五）	9：00—12：00，14：30—17：30	安全	劳动安全	掌握《铁路劳动安全培训规范》的规定	《铁路劳动安全》培训教材的相关内容	脱产	8	安全科
12月7日（周六）	9：00—12：00，14：30—17：30	理论	《铁路旅客运输规程》相关知识	熟悉《铁路旅客运输规程》相关知识	1. 铁路旅客运输合同含义 2. 旅客和承运人的基本权利和义务 3. 车票和其他乘车凭证种类、式样及使用管理规定 4. 客票票价基础知识 5. 车票发售、有效期、检票、验票知识	脱产	8	雷××

表 5-2 铁路客运乘务员顶岗实习岗位培训实作考核表（节选）

实作考核

车队班组：　　　　　　　　姓名：

项目	项目内容及要求	满分	得分
项目 1	车门管理：掌握车门管理制度，车门管理相关知识，车门乘降组织、车门开启、锁闭、检查的相关规定	20	
项目 2	客运服务标准和服务用语：掌握文明服务基本技能	20	
项目 3	非正常情况应急处置办法：熟悉本岗位非正常情况下应急处置职责及处置流程	20	
项目 4	车票查验：熟悉车票种类、乘车证使用相关知识；熟悉实名制验票相关知识	20	
项目 5	备品定位、卫生清扫、垃圾投放：掌握整理行李架、备品工具定位和更换、折叠摆放卧具的基本要求和管理规定、卫生清扫、擦拭及处理垃圾的方法	6	
项目 6	危险品识别、查验：掌握危险品查验方法及识别、处理常见危险品的方法	5	
项目 7	重点旅客服务：掌握重点旅客服务相关要求	5	

表 5-3　铁路客运乘务员顶岗实习“师徒教学合同”

单位编号：　　　　　　　　　　　　合同编号：

师徒教学合同书
（普速列车旅客服务员）

<table>
<tr><td>单位名称：</td><td colspan="6">××客运段</td></tr>
<tr><td>车间（车队）</td><td colspan="6"></td></tr>
<tr><td>师傅姓名</td><td></td><td>性别</td><td></td><td>年龄</td><td></td><td>职名（等级）</td></tr>
<tr><td>徒弟姓名</td><td></td><td>性别</td><td></td><td>年龄</td><td></td><td>职名（等级）</td></tr>
<tr><td>徒弟现有技术业务水平</td><td colspan="6"></td></tr>
<tr><td>培养达到的水平</td><td colspan="6"></td></tr>
<tr><td>合同期限</td><td colspan="6">年　月　日至　年　月　日</td></tr>
<tr><td>保证条件</td><td colspan="6">行政：
1. 教学期中不调动师徒工作，如有特殊情况，必须调动时，须给徒弟另选师傅。
2. 学习期满，按合同书规定的内容，及时进行考试鉴定。
师傅：
1. 按合同书规定的教学内容和进度，认真传授技术，按期完成教学计划。
2. 爱护徒弟，对徒弟实行“三包”（包思想教育、包传授技术、包安全生产）。
徒弟：
1. 尊敬师傅，遵守各项规章制度。
2. 虚心学习，努力钻研技术业务，按期完成教学计划。</td></tr>
</table>

师傅（签章）　　　　　　　　　　徒弟（签章）

年　月　日　　　　　　　　　　年　月　日

车队负责人（签章）

四、解困、成长、教学、声誉，收获多赢成果

柳铁职院坚持多年的铁路春运客运列车员岗位顶岗实习工作，既解决了企业生产在特定时期缺员严重的困局，也实现了学校教学与企业岗位需求的对接，学生在实际工作岗位中实习也学习和掌握了如何解决在学校很难遇到的实际问题，另外，学生在学习过程中的优异表现也为学校赢得了良好社会声誉。

柳铁职院 2019 年春运顶岗实习中，一名学生在岗位上机智处理现场突发事件，有效避免伤害事故发生，确保旅客列车运输安全。为此，企业给学校了写了表扬信，国内多家媒体也进行了报道（图 5-1、图 5-2）。

中国教育在线的报道全文如下。

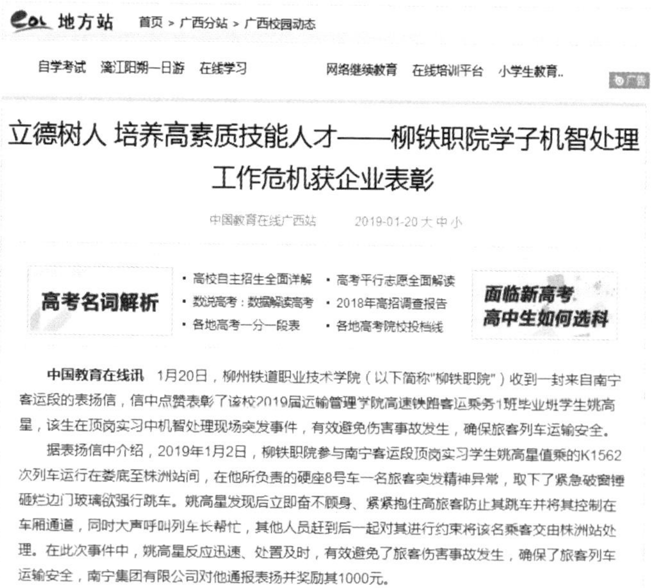

立德树人 培养高素质技能人才——柳铁职院学子机智处理工作危机获企业表彰

中国教育在线广西站 2019-01-20 大 中 小

中国教育在线讯 1月20日，柳州铁道职业技术学院（以下简称"柳铁职院"）收到一封来自南宁客运段的表扬信，信中点赞表彰了该校2019届运输管理学院高速铁路客运乘务1班毕业班学生姚高星，该生在顶岗实习中机智处理现场突发事件，有效避免伤害事故发生，确保旅客列车运输安全。

据表扬信中介绍，2019年1月2日，柳铁职院参与南宁客运段顶岗实习学生姚高星值乘的K1562次列车运行在娄底至株洲站间，在他所负责的硬座8号车一名旅客突发精神异常，取下了紧急破窗锤砸烂边门玻璃欲强行跳车。姚高星发现后立即奋不顾身、紧紧抱住高旅客防止其跳车并将其控制在车厢通道，同时大声呼叫列车长帮忙，其他人员赶到后一起对其进行约束将该名乘客交由株洲站处理。在此次事件中，姚高星反应迅速、处置及时，有效避免了旅客伤害事故发生，确保了旅客列车运输安全，南宁集团有限公司对他通报表扬并奖励其1000元。

图 5-1 媒体报道 1